寵物與你的靈魂契約

今生，為了協力療癒的七份承諾

Animal Soul Contracts

Sacred Agreements for Shared Evolution

譚美・碧樂普絲 著
Tammy Billups
非語 譯

各方推薦

「要為典範轉移做好準備喔！本書將會改變你看待自己和動物同伴的方式。它將會幫助你重新定義你是誰以及你為什麼在這裡，你生命中特殊的動物們如何幫助你學習、成長，成為更好的人，以及你如何幫助牠們作為回報。我強烈推薦本書給所有喜愛動物的人們！」

——凱菈・古賓斯（Cara Gubbins）
哲學博士，《神性存有》（*Divine Beings*）作者

「譚美溫和地指引你，更深入地理解人類與動物之間共享的神祕連繫和協議。她善於講故事，又是老師、療癒師。這是每一位動物愛好人士的必備書籍。」

——凱希・派克（Kathy Pike）
《希望……來自馬兒的心》（*Hope......From the Heart of Horses*）
與《通向光輝自我的途徑》（*Pathways to A Radiant Self*）作者
以及《奉馬兒為師》（*Horse As Teacher*）共同作者

「《寵物與你的靈魂契約》是關於愛和奉獻。碧樂普絲的協力療癒（Tandem Healing，她為了加速人類與其動物同伴的療癒而開發的一種全新模式）故事，有效地撥動讀者的心弦，提供令人信服的證據，證明我們與動物的所有互動，以及從邏輯上講，我們彼此的所有互動，全都是神性為了全體的進步而精心安排的。」

——保羅・陳（Paul Chen）

《自然覺醒》（*Natural Awakenings*）雜誌出版人

「《寵物與你的靈魂契約》將會永遠改變你與過去、現在、未來寵物的關係。當我們與我們的寵物一起積極地投入並體驗協力療癒時，那是自愛的行為，為一切有情眾生創造療癒。這正是世界所需要的啊！」

——芭波・荷恩（Barb Horn）

《神犬智慧卡》（*Divine Dog Wisdom Cards*）

與《宇宙貓智慧卡》（*Cosmic Cat Wisdom Cards*）共同作者

「一則強而有力的教導，探討動物與人類之間古老的靈魂目的，這是你在其他地方找不到的。它就跟你與你心愛的動物的關係一樣獨一無二，而且將會轉化你與牠們同行的方式。我為譚美鼓掌，因為她創造了另一份鼓舞人心的指南，不僅向我們的動物同伴們致敬，更視之為牠們向來就是的偉大老師和療癒師。」

——安雅・麥克安卓（Anyaa T. McAndrew）

執業心理諮商師（LPC），美國國家認證諮商師（NCC），女祭司，薩滿占星家

「深邃而啟迪人心啊！對於在過去、現在或未來，擁有心愛動物的我們每一個人來說，《寵物與你的靈魂契約》是真正的禮物。譚美將我們的動物關係提升到一個全新的層次：靈魂契約、前世、業力、牠們與神性的輕易連結。譚美豐富了我們的人生，幫助我們療癒，用愛、平和、意義，取代恐懼、焦慮、悲慟、內疚。」

——寶菈・喬伊斯（Paula Joyce）

哲學博士，作家，個人、企業、靈性轉化教練

《提振人生》（*Uplift Your Life*）廣播節目主持人

「《寵物與你的靈魂契約》寫得優雅而坦率，它將會觸動你的心，溫和地指引你深入研究你的同伴，不僅視之為寵物，而且視之為老師，牠的到來是為了歡迎你找回你的真實自我。」

——東恩・里德・西蒙斯（Don Reed Simmons）

前瞻性企業顧問兼薩滿教師與實踐者

「一本精彩的著作，可以打開你的心扉，擴展你的意識。譚美有滿滿的重要洞見和智慧，她舉出迷人且啟發人心的實例，說明動物與人類如何連結，為的是協助彼此療癒和促進彼此靈魂的進化。這是動物達人與非動物達人同樣必讀的著作。」

——茱蒂絲・科文−布雷科本（Judith Corvin-Blackburn）

執業臨床社工（LCSW），教牧博士（D.Min.），

《啟動你的五維頻率》（*Activate Your 5D Frequency*）

與《讓靈有力量》（*Empowering The Spirit*）作者

「揭露人與動物如何為了進化和療癒而相聚。譚美的洞見教會我如何尊重每一隻動物獨一無二的個別旅程，以及如何在牠們的行為和疾病之內觸及較高的視角。這些知識是無價的，有助於我的工作，以及理解我與自己的動物同伴之間的關係。」

——琪琪・葛拉芙斯（Gigi Graves）

好友之家公司（*Our Pal's Place, Inc.*）創始人兼執行董事

「一份驚人的證明，證實透過動物的智慧可以產生深邃的療癒。譚美的深邃洞見慈愛地指引我們敞開心扉，親眼見證我們的動物朋友反映什麼需要被療癒，而且欣然接受這些教導不僅

會提升我們的動物朋友的生活，也會提升我們的人生。對我們的星球來說，這是多讚的禮物啊！」

——芭芭拉・特謝爾（Barbara Techel）

神諭卡解讀者，直覺嚮導（intuitive guide），

《我現在這樣就很好》（*I'm Fine Just the Way I Am*）作者

「我非常欣賞《寵物與你的靈魂契約》，以及書中蘊含的無上智慧、脆弱、力量，作者了解然而卻始終運用她對我們和我們的動物同伴的靈魂的深度洞見，不斷地擴展視野。書中個人的故事、教導、對在共同旅程上的動物和人類的大量鼓勵和愛，提供的不止是指引人們活得更有目的、更有意識的指南。它是勵志的頌歌，歌頌譚美向我們保證的——我們來到這裡的目的——為了愛人、被愛、成為愛。」

——蘭迪・克拉奇（Randy Crutcher）

教育博士（Ed.D.），《神犬智慧卡》（*Divine Dog Wisdom Cards*）、

《宇宙貓智慧卡》（*Cosmic Cat Wisdom Cards*）、《激情法則》（*The Passion Principle*）共同作者

獻給勇敢
且一再地
與他們心愛的動物同伴
分享轉化的
靈魂旅人們。

我的新近老師，菩提與魯米。
拍攝者：琳恩・強森（Lynn Johnson）

目錄

相互理解的人們並不是說著同一種語言，
而是共享同樣的感受。

——魯米（Rumi）

推薦序——

同時療癒動物與人類

——佐哈菈·邁爾霍夫·海爾拉尼默斯

你有沒有想過，在世界上的所有狗兒、貓咪或其他馴養動物之中，為什麼特定某一隻或特定的品種，或動物會吸引你？你是否覺得，動物找到你的次數跟你找到牠們的次數不相上下？或者你是否注意到，在你悲傷的時候，你的動物同伴居然知道，在你表現出幸福的時候，牠們顯得很快樂，乃至顯化出跟你一模一樣的疾病？據說，人和自己養的狗看起來很像。但是在更深入的層次，這其實意謂著什麼呢？譚美·碧樂普絲（Tammy Billups）的著作《寵物與你的靈魂契約》，以及她所分享的治療工作顯示，我們與動物的連結遠遠超出我們對牠們存在我們生活中的感受。最終，譚美聲稱，我們一起來到地球，為的是體驗和分享更大的愛。如何達到那個目標就是我們的生命旅程。

本書展現了碧樂普絲的治療工作，讓我們看見，動物和人類的「更高靈魂自我」（Higher Soul Self），往往雙雙來到地球，規劃要一起共享生活。無論牠們年輕或年老，在我們的生活中是新還是舊，我們都共享預先安排好的契約。人類之間的生命與生命的連結似乎得到了充分的證實，所以為什麼我們與自己的動物之間不也是這樣呢？在身體死亡之前即將跨越之際，人類有時候會認出前來迎接他們的已故親人。其他人可能會說：「我看見了小斯」，或：「我看見小淑女」，這些指的是已故的童年寵物。全世界均有證據顯示，地球上的人們相信動物陪伴我們走在我們在地球上的旅程，也在死後世界裡陪伴我們。碧樂普絲在她作為人類與動物療癒師的迷人生命旅程中，記錄了這個實相。正如碧樂普絲優雅地演示的，與我們共享生活的動物不只是我們的同伴，牠們也是我們的老師。身為「當下」的生命，動物們不斷地反映我們，包括我們的情緒、心智、身體、能量、靈魂模式。碧樂普絲展現諸多真實的故事，包括她的個案、人類、動物，揭露大量證據，說明為什麼同時療癒動物與牠們的人類同伴的「協力療癒」療程，可以成為雙方最大療癒的關鍵。

為什麼呢？

假使如同碧樂普絲的解釋，我們與身邊的動物有「共同生活」的靈魂契約，始終在能量上彼此鏡映，那麼我們的課題就變成牠們的課題，而牠們的課題就變成我們的課題。我們的生活如此緊密地交織在一起，連結堅固。因此，正如碧樂普絲所發現和實踐的，跨物種同伴療癒加速人類與動物雙方的安康。

這套意識和療癒的方法，為跨物種溝通以及心理學和健康的治療領域，增添一個新的維度。由於我既是終生動物療癒師，本身又善於心靈感應，因而對此非常熱衷。碧樂普絲帶來一套獨特的才能以及個人的生活經驗，那些促使她踏上這條道路，最終發現與動物一起療癒的治療價值，包括我們遇見或照顧的家畜和野生動物，以及我們有任務要保護的生態系統。

從分離焦慮的課題到超越邊界，我們的動物正在教導我們，我們每天看起來是什麼樣子、我們的行為舉止，以及當我們決定互惠地與我們的動物親屬分享我們的生活時，我們想像的內容就是等待我們的可能性。正如碧樂普絲強調的，作為我們的鏡子，牠們其實想要對我們說：「愛是療癒師，而動物和人類是受益者。」誠如碧樂普絲在書中指出的，動物們「不帶評斷地聆聽，無條件地愛，以我們只能希望在今生複製的方式為他人服務。」我打從心底同意。

碧樂普絲為每一個人，提供與我們的動物親屬建立更深層關係的工具，無論牠們還活在世上或已經去世，而且在許許多多動物及其人類同伴的真實故事中揭露，愛是地球對一切有情眾生的祝福，它是帶著敞開的心與思想建立關係的狀態。《寵物與你的靈魂契約》在治療上為我們提供比較廣泛的理解，使我們明白鏡映可以如何成為動物與人類共享的贈禮，以及雙方進化旅程上極其重要的療癒部分。

佐哈菈・邁爾霍夫・海爾拉尼默斯（J. Zohara Meyerhoff Hieronimus）

被譽為有識之士兼未來學家。她是獲獎的電台廣播員兼作家，也是社會正義、環境、動物權利活動家。她是整體健康照護的先驅，於一九八五年在馬里蘭州巴爾的摩，創立了勒斯科姆公館社區健康中心（Ruscombe Mansion Community Health Center）。她也是跨物種心靈感應師，可以與野生動物和家畜溝通。佐哈菈也是廣播界名人，過去三十年來主持了為數眾多的廣播節目。佐哈菈終生參與祕傳科學、全球經濟、尖端研究，目前共同主持《二十一世紀廣播》（*21st Century Radio*），在巴爾的摩 WCBM 廣播電台播出。她的藝術作品曾在公開展覽中展出，而她的數位攝影作品則被存檔於各個線上論壇。

自序——

有意識的靈魂旅程

西元二〇〇〇年永遠鑲嵌在我的記憶中，因為它帶來我收到過最貴重的禮物。由於經歷了幾次意想不到的失落，我的靈魂最深處的欲念被揭開，於是我永遠改變了。我開始踏上一趟轉化的靈魂旅程和一條新的人生道路。那一年，自我發現、內在療癒、深邃的愛和靈性連結等無價的禮物，以及鋪天蓋地的感激之情，全都直截了當地降落在我心裡。

你可以想像，當一個人開始內在的療癒旅程時，某些日子並不愉快。從小一直被安全地壓制住的情緒躁動不安，渴望被釋放。就好比，為了解放心中的痛苦，我扭開水龍頭，卻無法關上。毫無疑問地，我的靈魂簽定了一趟快速覺醒的過程，好讓我可以擁抱一種新的「存在」方式，開始與動物及其飼主們合作。

我永遠忘不了在啟蒙那一年有過的一夜體驗。那天在情緒上充滿挑戰，我很難入眠，但最終還是睡得迷迷糊糊。大約一小時後，基於某個原因，我逐漸醒來。感覺好像正從某個深幽、黑暗的地方出來。我不記得自己做了夢，但是我可以感覺到全身顫動，不斷發抖。然後我覺察到某個喧鬧聲——聽起來好像一隻貓咪在遠處喵喵叫，而我像磁鐵一樣被它吸引。終於，我能夠全然清醒，而且顫抖立即停止。

一睜開眼睛，我震驚地看見我的貓咪娃希穩穩地站在我胸前，牠的腦袋就在我面前，喵喵叫的聲音比我料想的更為響亮。牠代表我做出有目的的行動，這不僅令人驚喜，而且啟迪了我，使我明白，我們的動物經常轉變進入較高的服務頻率中。

六年前，我為了解決家中一個問題而收養了三個月大的娃希。我的另外兩隻貓咪卡魯娃和貝利處不來，而且這事影響著卡魯娃的健康。我有很強烈的感應，認為第三隻貓咪能夠以某種方式恢復牠們心中的和諧。假使詢問任何貓咪行為專家，那樣的解決方案是否通常有效，他們八成會側身看著你，忍不住抿嘴輕笑。

然而，那些專家不可能知道，娃希和我慎重地設計了一份靈魂契約，要讓牠成為和事佬。從牠來到這個家的那一刻開始，我們全都感覺比較好。娃希獨立、穩如泰山、腳踏實地，除非卡魯娃或貝利需要牠的某些魔法，否則牠會平靜地不與人往來。娃希是個老靈魂，執行著洋溢著恩典的使命。

我並不確定在牠堅持遵照直覺喚醒我的那一夜，到底發生了什麼事，但牠異常的行為卻塑造了我屢屢努力模仿的行為。牠自在而優雅，單純地聽從她的指引，根據需要勇敢地幫忙和提供服務。

那夜之後幾個月，娃希在夢中來到我面前。牠（以心靈感應）告訴我，牠離開的時候到了。然後我注意到一把鑰匙繫在一根繩子上，懸在牠的右前爪。牠告知我，牠一直代表我攜帶著那把鑰匙，但是因為我現在「準備好了」，牠要把鑰匙還給我。

幾個小時後，娃希去世了。直至了解了我們與自己的動物共享的靈魂契約，我才完全理解娃希和我如何一起規劃了我們的生命事件，甚至是牠的早早離開。我們安排了彼此相交的路徑，刻意地聯手清除業力以及履行幾份靈魂契約。

娃希的早逝對我來說是情感上的嚴重失落，難以復原，但是覺知到我們的神聖靈魂夥伴關係提供了亟需的安慰。牠用六年的「恩典」臨在祝福了我。為了使我們好好整合，恩典（grace）是我們的寵物可能同意塑造和模仿的眾多「頂峰教導」（Pinnacle Teaching）美德之一。

動物幫助我們，相信比我們的人類體驗更偉大的東西。

牠們塑造了一種我們可以在自己的生活中，努力複製的存在方式，而這為我們帶來希望。人們心甘情願地給予動物敞開心扉的信任和愛。而動物們也反過來熱切地報名，在其主人的靈魂進階中扮演重要的角色。

在我覺醒之前，我見過太多與我的動物同伴有關的「巧合」，那使我相信，必定有比眼中所見更多的事正在發生。從我的實務和整體健康研究的早期開始，我便一直熱衷於找到每一對動物人類聯盟內的更高目的。

一旦我開始與動物及其主人合作，變得相當清晰明確的是，確實有一個更高目的和靈魂使命，超越動物提供的無條件的愛和陪伴。作為與成千上萬兩條腿和四條腿個案合作的結果，我覺知到有七個層次的互動，和七大類型的靈魂契約。

我全心全意地撰寫本書，希望書中內容為你和你的動物（過去和現在）。促成療癒、和諧、平靜的新層次，在你們的生活的各個面向產生更多的愛。《寵物與你的靈魂契約》將會揭示你們相聚何以意義深長，以及如何透過你對靈魂協議的覺知，從根本上改善你們的生活。

有許多寫實、相關、真誠的故事交織貫穿整本書，使你更加理解你與心愛的動物共同規劃的靈魂協議。我與書中描述的每一個人密切合作過，才能確保每一則故事和實例中的準確性和事實的完整。故事之後隨附的每一幀照片，都是故事中實際討論過的動物，而且有時候，「寵物的主人」決定跟寵物一起入鏡。不管怎樣，有幾個人選擇匿名，因此為了保護他們的身分，我把名字改了。

每一則故事中的人物都很了不起，他們有一個共同點：每一個人都願意審視自己的內在，與他們的動物一起療癒和進化，追求彼此共同的安康。啟發人心的「協力療癒」故事描繪，當你與你的寵物一起投入有意識的靈魂旅程時，可能會發生什麼事。每一則故事中的人們和動物，都會激勵你更深入地探究「你們的」動物靈魂契約的智慧，讓你們可以同時療癒且提升雙方相聚時間的品質。靈魂契約和協議不是片面的，它們旨在互惠互利。

此外，我還分享了幾則個人的故事，談到我自己的動物同伴，透過對我們的共同成長至關重要的經驗，揭露牠們意味深長地教導我的內容。去年收養了新的貓咪同伴菩提和魯米之後，我發現了我們意想不到的靈魂史（即將在本書後續揭曉）。菩提的故事尤其難寫，我幾乎寫不出來，但我意識到，這則故事有可能為那些有類似創傷的人們帶來療癒。與我分享過我的心和我的家的每一隻動物都曾經是指路明燈，照亮了撰寫本書的路徑。

《寵物與你的靈魂契約》將會指引你，來到你的動物夥伴關係的核心和靈魂，闡明你們可以如何更輕易地共同導航這趟塵世之旅。當你與你的動物同伴一起投入有意識的靈魂旅程時，你們共享的愛，將會以難以想像且優美的方式擴展，使你能夠豐富無數其他人的生活。

尊重動物使我們成為更美好的人類。

——珍・古德

第1章

動物與人類的靈魂對話

越來越多的人們逐漸醒悟到，他們與自己的動物同伴的關係，遠比表面上所看到的多許多。頭腦和內心正逐漸敞開，迎向新的覺知層次，而且欣然接受手攜手擁有比較有意識的動物人類夥伴關係所帶來的贈禮。人們目前在他們的關係的核心中尋找更高的目的，也比較願意正視他們的動物同伴，正在教導他們與他們自身有關的事。

這實在是非比尋常。動物愛好人士敏銳地覺知到，人們從他們心愛的同伴提供的無條件的愛和接納中得到的好處。動物的愛可以降低血壓，在人類體內釋出過多感覺美好的荷爾蒙。牠們是幫助無數人們感到被愛的大師，而且牠們幫助人們放鬆進入當下時刻。在這方面，動物是絕佳的減壓裝置。是的，動物是療癒大師。與動物分享你的生活可以被比作被天使觸動。

然而，每一隻動物的進化旅程，並不僅僅止於牠們與人類的關係。人們可能不知道的是，動物就跟人類一樣，正走在牠們自己精彩的成長、學習、服務的靈魂旅程上。此外，動物愛好人士也可能不知道，發現彼此生活交織糾纏的人類和動物之所以相聚，乃設計使然，並非偶然形成；並沒有巧合這回事。

這個設計採用靈魂契約的形式。在特定關係中的人或動物，在投胎進入他們目前的身體形相之前，他們的高我（Higher Self），他們的靈魂，事先同意要進入一份神聖的夥伴關係，以前所未有的方式相互療癒、進化、愛。出現在你的人生中的動物就跟你一樣，也有使命和目的。動物和牠們的人類同伴帶著神性的意圖創造了靈魂契約，為的是幫助彼此發揮最大的潛力。

我們與其他人們有靈魂契約，這是比較眾所周知的，但是透過我與動物以及疼愛牠們的主人合作，非常顯而易見的是，人類與動物之間也有類似的協議，尤其是我們與之共享空間的動物們。透過你們對共同轉化堅定而有愛的承諾，你們的心永遠鏈結在一起，無論是現在或未來。

你們的靈魂始終相互溝通著，而且你們的「靈魂對話」如何出現在你與動物的互動中，其實相當迷人。請繫好你的喜愛動物安全帶，因為你即將踏上一趟旅程，揭露在每一份動物人類靈魂合作之內可能保有的更高目的。

步上療癒師的道路

鄭重聲明一下，我從來沒有說過我想要成為作家。說我是作家仍然感覺很奇怪，但我越來越融入作家的身分。我是療癒師。就連我還沒有欣然接受我的靈魂的目的時，我也有欲念，渴望幫助他人少受點苦，治癒他們的情緒創傷。成為療癒師天生植入在我的靈性DNA中。

二十年前，在我的第一位動物同伴（我的貓咪卡魯娃）因結腸癌去世之後，我坐在家中釋放著大量的悲慟。在那個脆弱的時刻，我懇求上天讓牠的靈

（spirit）回來跟我一起生活。之前一個月，我母親去世了，而且她在世的最後幾週，為我提供了不可否認的證據，證明靈繼續存活，在另一邊（the other side）受到在牠們之前往生的人們歡迎。

我對卡魯娃的逝世感到絕望，擔心另一邊沒有人迎接牠。我母親並不喜愛貓，所以我認為母親不是恰當人選。結果，我懇求高能（higher power），讓卡魯娃的靈回來跟我一起生活。

同一天晚上，我又驚又喜，意外地發現卡魯娃的靈竟然做著牠平時做的事。對於我似乎瞬間取得這種新能力，我非常震驚。在那之後，我花了相當多的時間設法磨練我的技能，這很快為我帶來（不）正常的全新實相：不斷地看見、感應、感覺到能量。我渴求更加了解我突然間觸及的其他維度。在我的人生的這個時候，我處在事業的頂峰，成功，但並不滿意，而且我想知道，為什麼這段體驗發生在那個特定的時間。

就這樣，我開始了生命中最難以置信和轉化蛻變的一年。我會永遠感激出現在生命改變的那一年當中的無盡天賦。其中最深刻的天賦之一是，我被彈射到我的靈魂最深處所渴望的道路上，也就是：療癒師的道路。

自從多年前我歡喜地擁抱我的人生的熱情和目的以來，可以公平地說，我現在對成功的定義與當年大不相同。我也確信，導致那一年以及從那時候開始的事件和經驗，都是我的靈魂規劃的。沿著這條有靈魂協議的道路，我得到了許多幫助，而協議對象則包括動物、人類、不斷地支持我進化成長的那群光之存有（light being）。

在我的實務中，我的最佳老師仍然是我有幸與之合作的每一位兩條腿、四條腿（有時候是三條腿）個案。我想要減輕人們和動物所揹負的情感負擔的意圖，深深地根植於我整個人的每一根寒毛之中。我很感激且熱切分享我透過工作學到和觀察到的事物，可以幫助動物和人類一起療癒和進化。

在我開始我的療癒實務時，與動物合作並沒有引起人們的注意。我最初的焦點是，透過轉化蛻變的整體療癒法（我親身經歷過奇蹟般的療效）幫助人們療癒。好奇心促使我詢問朋友，我是否可以療癒他們的動物同伴。

因為是狂熱的動物愛好人士，我想知道能量療癒是否可以幫助動物感覺比較好……而且考慮到動物並沒有安慰劑效應，結果是否會引人注目。但願效果震撼人心啊！然而，結果各式各樣：某些是微妙、正向的改變，某些則是奇蹟般的改變。大多數動物只經歷過一次療程，便展現出立即明顯的效果。很快就顯而易見的是，針對動物執行療程，必定始終是我的人生計畫的一部分。與動物合作不久，便成為我的療癒實務極其重要的成分。動物對人類的進化作出的貢獻是無與倫比的，所以我認為，以這種方式為牠們服務是一份榮幸。

協力療癒療程

在我與動物的早期合作期間，我在任何已知的動物人類關係中，辨認出許多動物與人類鏡映的層次。迷人之處在於了解到，動物鏡映的尚未治癒的情感創傷，與牠們的主人如出一轍。舉例來說，雙方可能都有尚未治癒的被遺棄創傷。如果任其自生自滅，情感創傷很可能顯化成需索無度、共依存的關係，當這隻動物與牠的人類守護者分開時，牠可能會展現出中度至重度的分離焦慮。

大部分時間，當人們為自己的動物預約療程時，他們不見得會想到自己的動物，可能會在那一刻為他們鏡映或攜帶什麼。我明白了！動物愛好人士自以為是的興起動機，採取行動，為的是減輕心愛同伴的任何不適或痛苦來源。

然而，當一個人主動地踏上自己的內在療癒旅程時，他們的動物便擁有比較少的課題，而且動物的行為和身體創傷癒合得比較快。在我促成一次動物的療癒療程之後，我與牠們的主人分享能量的觀察結果，好讓他們對動物的問題有另一層次的洞見……其中某些人可能會反映，他們個人也有同樣的課題。當我揭露動物療程的細節時，他們的主人經常會恍然大悟，然後提到自己的相似處。舉例來說，如果我透露，我感覺到從動物身體的特定區域，釋放出稠密的能量，主人可能會回應說，他們自己在身體的同一區域也有問題。

當一個人開始看見且相信他們與自己的動物同伴有療癒聯盟時，這是關鍵的關係改變時刻。這種視角的修正和全新的覺知層次，啟動他們雙方內在能量的立即轉變，於是關係永遠不一樣了。

一般而言，動物傾向於加速療癒，因為牠們信任透過能量場療癒有其必要。在記錄我所執行的各種動物療程的結果時，我注意到某些事很有趣。常有人告訴我，在某次療程結束後，他們的動物的負面行為完全停止了，或牠們的身體問題痊癒了，結果幾天、幾週或幾個月之後，他們又聯繫我，說同樣的問題又回來了，或新的疾病或負面行為突然間出現。在這些和其他案例中，我想知道，案例中的寵物是否會澈底痊癒，以及如果主人與寵物一起投入內在療癒的工程，療癒的結果是不是可以持久。

如果我同時連結到寵物和主人，該怎麼辦？他們共有的創傷會癒合得更快嗎？由於某些動物比較敏感，因此更容易吸收主人的情緒能量，那麼在共同療程期間，能量和情緒會更容易被釋放掉嗎？我決定，時候到了，該要找出這些問題的答案。我希望人類和動物都能受益，而且藉由他們對這個目標的共同承諾，必會加速他們的療癒能耐。

因此，迷人的研究和學習的新層次，從我提供的全新「協力療癒」服務開始。關於這些研究療程，我要求在四到六週的時間內承諾完成四次療程。在每一對動物人類搭檔之內，這些發現都是獨一無二的。

在完成他們的系列療程之後，多數人都感覺到與他們的寵物的連繫更加緊密，而且對於他們與自己的寵物同意達成的更高目的和計畫，有了更深入的理解。許多時候，療癒的結果極其明顯且非常深邃——超出我原本預期或希望發生的事。

本書稍後，你將會認識里克和他的狗薩米。有一天，薩米流浪到里克的農場上——又餓又怕。里克對他們的「協力療癒療程」有一個非常堅定的意圖：要治癒他與薩米在關係中的共依存，讓他心愛的狗可以更獨立，不那麼需索無度。早在第一次療程時，里克就突然間覺知到薩米的行為，鏡映出他自己的共依存需求，那是他展現在今生每一段「愛」的關係中的模樣。他也領悟到，他與他的好狗在共同療癒旅程上的更高目的，在靈魂層次，薩米找到了他，所以他們可以一起療癒。

琳恩和她心愛的狗蘇菲是另外一支人類動物團隊，她們的故事深深感動了我。兩年內，琳恩有三隻狗意外地相繼去世，在這之前，她共度三十三年的丈夫陷入心肺急症，倒在他們家的餐廳地板上，喘著最後一口氣。醫護人員因塞車延誤了，抵達後救不了他。琳恩報名參加了協力療癒療程，希望釋放她的悲慟，也幫助蘇菲釋放悲慟。她希望她們倆的心可以雙雙痊癒，也希望出現奇蹟。她心愛的狗蘇菲剛剛意外地被診斷出罹患強烈的心臟雜音。獸醫警告，這個症狀可能會導致類似於她丈夫的症狀。

除了在第五章「協力療癒案例研究」當中，記錄的許許多多精心安排的動物人類協力療癒之外，這些精彩描述將會使你深入了解，可以深情地保留在你的神聖動物夥伴關係中心的靈魂協議。

靈魂聊天室

閱讀本書時，我會定期提到靈魂聊天室。我會由衷地稱之為「靈魂聊天室」（soul chat room），是因為這個詞完美地描述聊天室的活動。在療程期間，我覺知到我上方有一團明亮的白光，而且光圈內有兩個靈魂在溝通。我直覺地知道，靈魂之一是與我為了療程，而在能量上連結到的人類或動物的「高我」。靈魂聊天室內的第二個靈魂，通常對我的個案的療癒過程意義重大。

高我是我們的靈魂的一部分，也是我們自己的最高面向。當我們調頻進入心中尋求內在指引時，我們本質上是在與我們的高我溝通。它也常被稱作「超靈」（oversoul），或「我是臨在」（I AM Presence）。我們的高我記得，我們的三維人類（和動物）的投胎身分故意忘記的一切。舉例來說，我們的高我保有相關的智慧，明白我們今生與每一個存有（being）的契約和靈魂協議。

有時候，我知道靈魂聊天室內正在討論什麼。其他時候，我了解聊天室的話題，也感應到兩個存有之間的感情。

來自靈魂聊天室的訊息，經常是用來確定動物和人類的高我彼此認識。這則訊息也可能包含，基於彼此共同進化的更高目的，確認他們刻意設計了使彼此的生命相交。我時常感知到靈魂雙方已經多次聯手，促進彼此的成長。而且在療程中出現的每一間靈魂聊天室中，都有一份清楚的知曉，明白他們在物質層面的相遇，無論多麼短暫，都根植於無條件的愛。

❖ ❖ ❖

麥可與麥蒂

最近我在自己的辦公室為某人進行療程時，突然間注意到，上方有一間靈魂聊天室。我立即體認到，那是另一位個案麥可與他心愛的年長㹴犬麥蒂的高我。那天早上早些時候，麥可意外絆倒，跌在麥蒂身上。進辦公室之前，我得到的消息是，事故發生後，麥可和他妻子凱希趕忙將麥蒂送去看獸醫，但我還沒有聽到結果。

麥可與麥蒂

在靈魂聊天室中，麥蒂的高我正在感謝麥可同意幫助牠脫離身體。牠用愛和感激澆灌著麥可。麥蒂散發著耀眼的白光和金光，很高興可以回「家」了。我一得空，便立即聯繫凱希，想知道麥蒂的最新情況。她證實他們已經釋放了麥蒂，讓牠回歸「聖靈」（Spirit），而麥可極度痛苦，很難接受這事，責怪自己讓那樣的事故發生。

從這對夫妻拯救了麥蒂的那一刻起，麥蒂與麥可就建立了深厚的連結。即使在收養麥蒂的時候，他們就知道，麥蒂是一隻年長的母狗，有不少健康問題，但沒有動物愛好人士，希望在寵物還沒有準備好離世之前，就為寵物的過世負責。喜愛動物的每一個人都可以想像，事故發生時，麥可一定感到很痛苦。

當我與凱希和麥可分享我在靈魂聊天室中觀察到的內容時，他們大大地鬆了口氣。我透露了麥可和麥蒂的高我如何規劃了那件事故，而且告訴他們，麥可的靈魂勇敢地選擇了幫助麥蒂回歸聖靈。這確實是麥可的靈魂做出的一個非常慈愛而勇敢的抉擇，因為他知道這會為他的人類自我帶來潛在的痛苦。

麥蒂一直非常獨立，從來不是愛撒嬌的狗。麥可提到，麥蒂在世的最後幾天，牠終於準備好要接受更多的愛，而且頭一次，牠全然融入麥可給牠的愛中，要麥可撫摸牠。這一定是牠與麥可的療癒契約的一部分。麥可無條件的愛和關懷，幫助麥蒂敞開心扉，因而履行了他們的靈魂契約。

❖ ❖ ❖

永遠連結

某次療程期間與一隻狗連結時，我觀察到一位紳士在靈魂聊天室中與我的狗狗個案的高我交談。他談論著某種該要修正的行為，為的是幫助狗減輕焦慮。在那名男子去世之前，他一直是這隻狗的守護人。難以置信的是，看見他們的連結繼續，即使男子已往生而狗還活著。這位紳士對這隻狗非常有耐心、慈愛、親切。留神觀看他們相處的模樣打開了我的心。在狗的療程結束之後，我與個案分享那段對話，她說這不足為奇，她丈夫還會從另一邊指導和訓練他們的狗。當他們在物質層面相處時，顯然就擁有這一類型的關係。

願你找到平靜，因為知道你的高我正主動投入靈魂對話，與你有關係的所有那些人交談著，包括在另一邊的你的光之團隊。這些對話的意圖是與你所愛的人們合作，顯化你的個人成長渴求的那類經驗。

你的光之團隊

在我能夠看見其他維度的早期，了解到每一個人身邊都有光之存有指引和支持，令我驚訝又欣慰。而且那是全職演出喔！的確，我們身邊始終有高振動、睿智、慈愛的存有，讓我們可以融入，尋求支持。我們的光之團隊對我們的無條件的愛，是不可否認的——就跟我們的動物同伴一模一樣。

這些非凡的光之存有，通常被稱作「指導靈」（spirit guide），不過許多人簡單地稱之為「天使」，我稱祂們是「與我一起工作的光之存有」。

通常有一到三位光之存有一直在你身邊，而且在艱難時期和當你召喚祂們時，增援便根據需要即刻出現。在療程期間，你的光之團隊尤其靠近你，提供支援、指引、滋養。祂們對你的無條件的愛和接納，是不可否認的，而且源源不斷地從祂們的本體流向你的本體。祂們了解且疼愛你的存在的每一根寒毛，而且欽佩你的勇氣，可以欣然接受乘坐這趟人類的雲霄飛車。

你在出生前便與你的指導靈簽了約，而且無疑地已經認識、喜愛你的特定團隊，也向祂們學習了好長一段時間。這是非常親密、慈愛、尊重、神聖的關係。

要主動出擊，尋求與祂們連結。有時候，祂們需要你的准許才能介入，所以我鼓勵你主動地尋求祂們的指引。我記得，我的貓咪桑丹絲吞下一頂玩具橡膠帽，而且當我意識到發生了什麼事情的時候，牠臉色發青，一動不動地躺在床上。我知道不夠時間帶牠去看獸醫，所以我向與我一起工作的光之存有們招手，請求祂們幫助桑丹絲（比較像是乞求）。我難過得不能自已。瞬間，桑丹絲開始移動，然後不斷反胃。牠坐了起來，從嘴裡吐出那頂帽子。就這樣。

大大小小的奇蹟發生在人生中的每一天。覺知到這些奇蹟將會鋪平道路，讓無數的更多奇蹟神奇地展開。假使你希望允許更多難忘、令人興奮、同步的時刻，進入你的人生，強烈建議你與你的團隊交流。

你可能會發現特別有趣的是，與人們分享，生活的寵物或生活在大自然中的動物也有指導靈。這些指導靈經常是元素存有，或各種其他類型的動物盟友，例如過去的動物好友、天使，有時候是為動物提供服務的人們的靈。

人與他們的動物的光之團隊，基於人與動物雙方的利益一起和諧地工作。

你愛的那些人

之前過世的人們或動物，可以且願意在你需要的時候為你而在。他們通常不屬於你的光之團隊，但也有可能屬於你的光之團隊。這取決於他們過世了多久——因為一旦回到另一邊，他們需要時間重新校準。然而，他們現在且始終讓你可以在需要的時候與之連結，如同下述我即將講述的故事。

在我生平見過最低迷的房地產市場期間，我的姊妹和我忙著幫我們的父親搬離他的房子，搬進一處輔助生活中心。父親的房子在亞利桑那州的鳳凰城，當時那裡的房產銷售市場是全美最低迷的。房子還沒上市，而我諮詢的當地房地產專業人士，便憂心那棟房子在低迷市場中可能賣不出去。我設法不受善意諮詢的影響：他們極力建議我把父親的房子出租出去，然後等經濟比較好的時候再上市出售。

在我母親去世八年後，我第一次決定透過始終如一的祈禱與她交流，請求她協助，讓她們的房子可以快速出售且賣個好價錢。請求母親幫忙是我個人的實驗，希望可以輕而易舉地找到解決方案。在此期間，母親是我唯一請求協助的存有，主要是因為她與這個家的個人連結。我也祈禱買家會是一個真正熱愛和欣賞這個住家的家庭。

房子上市的第一天就賣出了——高於我們要求的價格。買家是一對善良的年輕夫婦，有個寶寶剛出生，他們也有興趣購買我們父親庫房裡的所有東西，包括工具和割草機。他們也購買了父親的一部分家具。整個過程再順利不過了！

提供指引的動物委員會

所有動物和大自然愛好者，尤其是以任何身分與動物打交道的人們，都有動物圖騰，以及為他們提供支持和指引的動物委員會（animal council）。這是我極力建議你多加了解的另一個知識層次。有許多談論這個主題的書籍；已故的泰德．安德魯斯（Ted Andrews）的眾多著作尤其引我起共鳴。

出生時，你可能就已經覺知到分配給你的動物圖騰。如果你被某種動物吸引，那就是重大的線索。舉例來說，我做過許多美妙的夢，夢中一隻美麗的金色母獅來拜訪我，而我也曾經對大象深深著迷。我家裝飾了許多大象的繪畫和雕塑。這些跡象顯示，我今生要與母獅和大象的能量連結，整合牠們的教導。

你被一群光之存有包圍著，祂們在背後全力支持你。

當你有意識地開始與一起工作的光之存有們，建立心連心的親密關係時，祂們就越能夠也越願意提供服務。祂們渴望支持你的成長以及減輕你的負擔。當你調頻進入祂們時，祂們對你的靈魂感到很熟悉，就好像你的動物對你很熟悉一樣。要刻意地與你的指導靈連結，有意識地允許祂們的愛流入你的心。如果你每天練習五分鐘，它可以改變人生。

更好的是，在一個有時候令人害怕的龐大宇宙中，你將不再感到孤獨。你鏈結到聖靈，感覺與「創造」的整體很親近。

共同的靈魂目標

在靈魂層次，人們和動物已經同意聯手推進他們的靈魂目標，以便療癒、進化、服務、允許接受更多的愛。每一個生命在一出生之後，便忘記他們的靈魂手中握有的浩瀚無限的知識，開始適應他們的塵世經驗。所有靈魂都覺察到，在我們的星球上，能量是分歧的，然而他們仍然勇敢地選擇投生，體驗這種共同的成長和療癒。

不管你有意識或無意識地規劃了什麼經驗，你和你的動物經歷的一切，都有一個渴求的最終結果：去愛、去了解愛、去感受愛、去付出愛、去成為愛。是的，在一個每一個轉角都反映愛的對立面的世界中，說來容易做來難。但是如果沒有奠基於恐懼的情緒對照，你就不會像現在一樣深刻而親密地欣賞、了解、感受愛。

基於某個原因，你對你的動物熟悉而深刻的愛是顯而易見的。有一條能量索如實地連結你們的心。這是為什麼你比其他任何人，更直覺地了解牠們的偏好和渴望的原因之一，尤其是在代表牠們做出重大決定時更是如此。

這條洋溢著光的能量索，使愛和安康能夠在你們倆之間流動，那是維持良好自我照護的強大動力。這也是當牠們有什麼不對勁而你覺察得到的原因，而且反之亦然。你們之間的愛無窮無盡，你們的連繫與眾不同。

動物王國已集體地舉起牠們的爪子、翅膀、鰭，大聲說出牠們非常願意為人類提供服務，幫助人類憶起自己本性的真實和美麗，即使那意謂著對許多人認為不可愛的人們展現慈悲。動物愛好人士有幸在他們的生活中，擁有這些美麗的生物，作為夥伴、鏡子、神性（the Divine）的信使。

神聖的洞見

動物始終在塑造一種比較正念用心的方式，牠們巧妙地邀請你加入牠們。

如果你是一個往往敞開心扉，且在情感上親近動物勝過人類的人，那麼動物無疑對你在「地球學校」的成長至關重要。有意識地與你的動物老師們合作，是減少身體和行為問題的關鍵。

一旦你認同你與你的動物一同創造的靈魂協議且彼此合作，你與牠們的每一次體驗便具有全新的意義。你再也不會透過同樣的鏡頭看待牠們了！在這趟時而動蕩、時而平靜的「生命」旅程上，牠們是你心甘情願的靈魂夥伴。覺知到你們的靈魂的互惠計畫，促使更多的愛能夠在你們之間流動，然後流向他人，為你遇見的所有生命照亮道路。

第2章

動物靈魂的神聖過渡期

動物愛好人士的非凡之處在於：他們覺知到——非常有可能——他們會比自己心愛的寵物活得更久。然而他們仍舊一次又一次地被吸引到這份連結、那些教導，以及與動物分享他們的生活、家園、圈子所特有的喜悅。他們選擇愛，而不是害怕最終必會失去的情感痛苦。對大多數動物守護人來說，他們摯愛同伴的臨終日子和時刻，是他們一生中最艱難且最痛苦的部分體驗。

這個主題在我心頭清新閃現。二〇一八年，在我撰寫《與自己的動物同伴一起進行靈魂療癒》（*Soul Healing with Our Animal Companions*）之際，與我分享生活的長期貓咪同伴麥泰和桑丹絲，在那本書出版之前幾個月，相繼去世。我透過實務體驗到的內容，幫助我更輕易地與我的兩隻貓咪一起融入那個過程，可以刻意且慈愛地為牠們創造非凡而神聖的往生過渡期。

我懷著偉大的意圖和希望，分享我所學到的內容，這將會幫助你在可能的時候，為你的動物們創造神聖的最後篇章。或者，至少在牠們往生時，幫助你創造對你來說比較容易的過程，讓你比較不會恐懼牠們即將到來的過渡期，這將會大大地增強你對動物的體驗。

我時常在動物在世的最後幾個月、幾天、幾小時，乃至在獸醫協助安樂死的那一刻，受僱為動物進行療程。在執業早期，我了解到，我會經常在動物生命盡頭的這個神聖時刻，與動物一起工作。人們在這個時間尋求幫助，很常見也很自然，因為他們想要找到方法幫助他們的寵物感覺比較好、比較舒服，或是斷定他們的寵物是否正在受苦或疼痛。多年來，我了解到，在動物生命的這段期間，我有能力為人們和他們的動物提供協助，必定始終是我的更大計畫的一部分。

當任何人或動物接近其生命的盡頭時，生物能量療法為更深入、更神聖的目的提供服務：它們使靈魂準備好，可以透過位於頭頂的頂輪（crown chakra）離開身體。這些療程通常非常有成效，而且在他們內在嵌入一份強烈的更高目的感。這些療程除了釋放動物在其體內的時候，比較偏愛釋放的任何能量壅塞之外，也可能包括實際釋放共依存的能量羈絆，以及從他人身上吸收到的能量和情緒。一旦動物離開了牠們的身體廟宇，這項療癒工程可以縮短牠們在另一邊的適應期。

當靈魂離開身體並返回到靈界時，能夠參與這個難以置信的時刻的確很榮幸。在某種程度上，這是畢業，向上且向前去到牠們的靈魂進化的下一篇章，在那裡，牠們將會很自由，可以更好地支持牠們心愛的人。每次我撐住那個神聖空間時，它都難以言喻且感人至深。能夠感應到靈魂釋放的美麗和輝煌，而我感到非常榮幸，能夠親眼見證。在這些最終時刻，圈住動物和牠們的主人的大量純淨而無條件的天使之愛，使我擁有全新的平靜感。因為單是知道我們始終得到支持，總是有慈愛的能量圈住我們（在比較艱難的時期更是如此），那強化我的信念，相信每一個靈魂都繼續著它的旅程。

與你分享我在主持動物瀕臨回歸聖靈的過渡期的療程期間，所看見和感受到的內容，將會提升你的覺知。它也會為你帶來洞見，明白在其他維度同時發生什麼事，於是在你的動物回歸聖靈之前和之後，可以緩和你的復原和療癒過程。以下與你分享在動物瀕臨或經歷過渡期的療程期間，我所觀察到的幾個情況：

- 有一種非常強烈的高振動天使臨在，圈住動物和疼愛動物的人們。天使和指導靈在那裡為你們提供可以融入的舒適和支援。祂們也圍繞著你、你的動物、你的家人，形成牢固的保護邊界，因為恐懼的時候可能會引來較低階的振動。你可以請求這樣的天使臨在，幫助你找到清明以及釋放你的恐懼、痛苦、擔憂。要刻意地與這些光之存有心連心，感受祂們無條件的愛。在釋放你的同伴的靈魂期間，圈住動物及其守護人的純淨天使之愛會增強。

• 頭頂的頂輪有一份美麗的平衡、滌淨、敞開，緩和動物靈魂的釋放，而且有一道壯觀的金色白光從上方向下照射。這光有磁鐵的觸覺和感受，當動物離世的時間到了，它使靈魂安心地向上離開身體。

• 能量上的心輪索，連結我們與現在或曾經和我們有關係的每一位。在這些療程期間，我經常注意到，在曾經准許進行這類滌淨的動物和人之間，心輪關係的能量索是清潔而淨化的。准許可以有意識地被給予，通常是當你已經來到可以釋放你的動物回歸聖靈的和平境地。即使在你的動物離開牠們的身體之後，你們倆之間的心輪索依舊拴繫著，這使你比較容易繼續感應到牠們以及與牠們連結。

• 當動物往生過渡時，你的高我（靈魂的最高面向）迎接牠們。就我見證過這點的每一個場合而言，當事人自己的高我都閃耀著愛、自豪、感恩——微笑著，完全平靜，同時溫暖地歡迎牠們回家。

- 你希望在你的寵物往生過渡時，會前來迎接牠的人們和動物，都會在那裡迎接你的寵物。你可以相信你希望這事發生的請求已經被聽見。每次我向個案描述我觀察到誰在迎接他們的動物時，他們都會告訴我，他們曾經祈禱、請求，或希望這個特定的人（或動物）會在他們的動物往生之後迎接牠。
- 在動物的靈魂離開牠的身體之後，我立即見證到非常神聖的榮耀，那是與你和你的動物一起工作的光之大師和存有們給予的。就好像祂們在舉行儀典或為你的寵物的往生提供空間。祂們提供強烈而神聖的保護之光，圈住那隻動物及其主人。祂們經常圍成一圈，有時候單膝跪地，頭向前傾，表示尊敬。其他時候則有一種慶祝的感覺，有光之存有和仙女們圍成一圈跳舞。我無法想像還有比這更美好的歡迎回家儀式，它向那隻動物提供的教導和愛的一生致敬。我注意到，致敬圈的類型關乎個人，它與動物及其主人的信念、人格、神聖工作有關。

- 動物的靈魂在離開自己的身體當時或之後，有可能穿過牠們的主人，這是一種感恩和愛的行為。你可能會把這感應成能量的嘶嘶聲，或是你可能會體驗到刺痛。每一個人感應能量的方式不同，一旦你的寵物在另一邊，就有無數種方法可以觸及你。但是如果你認為自己感覺到什麼，你八成確實感覺到了，而且很可能是牠們的靈魂。
- 在動物的靈魂離開牠們的身體之後，動物的人類守護人可能會接收到「心的融合」（heart fusion）問候。我選擇用「心的融合」，來描述一種非凡、高振動的靈魂對靈魂的問候。這是兩個靈魂在心的層次融合的結合。它是心情愉快的感覺，在其中，你將會感覺到且回憶起你的靈魂對彼此深愛的熟悉感，而且你將會感受到強化的感恩、愛、喜悅。或許這是在另一邊的兩個靈魂，用來表達彼此的親密和愛的常見做法。我只感受過兩次，永生難忘。感覺起來像狂喜，立即使我的雙眼噙滿喜悅的淚水，以及對另一個靈魂強烈親密的了解。

❖ ❖ ❖

羅斯科的家庭之愛

一天，我接到情緒激動的個案吉姆打來的緊急電話，他和他的老狗羅斯科在獸醫辦公室，盤算著是否做出艱難的抉擇，幫助他心愛的狗結束痛苦。跟我說話的時候，吉姆被自己的情緒驚嚇到，但我看得出他知道，羅斯科離世的時間到了。他詢問我的經驗，問到在動物往生時，偏愛在動物醫院還是在家裡。我告訴他，我不可能像他一樣了解羅斯科的偏好。我補充說道，如果有可能，我了解大多數動物在往生過渡時偏愛跟家人一起待在家裡。

對我而言，沒有比為動物同伴做出改變生命的決定更艱難的事了，牠曾經是無異於上帝為我們的生命，帶來的最偉大且最美好的禮物之一啊。而且當同步性排成一列時，就像這位個案的狗事件一樣，你毫不懷疑有高能涉及，精心安排每一個細節。吉姆決定帶羅斯科回家，而且與他的妻子和孩子們一起花些時間跟羅斯科道別。

當天下午稍晚，他的獸醫有空在吉姆家中執行安樂死。吉姆請我在獸醫到訪之前，進行最後一次能量療程。那次療程將是家庭時間和最後的道別。吉姆不希望他小小孩親眼目睹真正的安樂死。

我的日程安排奇蹟般地清空，能夠為羅斯科進行遠程療癒，讓牠為之後的獸醫協助往生做好準備。這次療癒療程是羅斯科從「牠的爹地」那裡收到的最後一份禮物。全家人用愛包圍他們心愛的狗，在療程期間對牠表示感謝，痛苦地道別且流淚哭泣，分享著故事並告訴羅斯科他們有多愛牠。

幾小時前，羅斯科以為牠可能會在獸醫院道別，那或許不是牠愛去的地方，儘管毫無疑問，牠會在那裡得到親切的照顧。結果，牠顯化出能夠與心愛的家人一起在家裡。療程近尾聲，當我即將切斷連線時，我聽從直覺的指引，與羅斯科再保持五分鐘的連結。

我很高興我做到了，因為那是最不可思議的五分鐘啊！我感覺到羅斯科的頂輪釋放出驚人而溫和的能量，看見一群天使圍繞著這一家人，而且覺知到非常高頻的愛和光輕易地流經羅斯科。親眼見證牠的靈魂從牠的身體中釋放出來，無論從哪方面來說，都是神聖而美麗的時刻。牠的靈魂感到非常快樂和自由。這隻奇妙的狗如實地在牠深愛的家人手中嚥下最後一口氣，那正是牠想在的地方。在這個過程中，孩子們了解到，見證到生命的自然展開和結束是安全的。而且體驗到這樁神聖的事件，使這家人能夠分享他們將會永遠記住的事。透過他們因為心碎而湧出的所有情感，他們經由每一滴眼淚相互扶持。萬物皆有美，即使是結局。

我為羅斯科進行的那類能量療程，可以釋放任何壅塞的能量，有助於自然往生。這些療程將會始終如一地幫助動物，以有可能最高階且最美好的方式向前邁進，無論眼前是什麼路徑。有時候那意謂著，牠們感覺更美好地繼續牠們的生命旅程，而在其他時候，它幫助這隻動物做好準備，迎接牠們回歸聖靈的時間。

當動物尤其是接近今生旅程的終點時，我總是在主持療程之前與人們分享（靈魂離開的）可能性。在極少數情況下，就跟羅斯科的情況一樣，我連結到某隻動物，而牠在療程期間溫和而美麗地往生了。動物愛好人士總是希望他們的寵物能夠自在、溫和地往生，而我了解到，當這種情況發生時，對所有人都是祝福。如果沒有選擇在靈魂層次這麼做，動物並不會離開。而且每當我連結到某隻動物，且牠們的靈魂意外地從牠們的身體中釋放出來時，表示動物的主人已經准許動物離開。雙方都不執著於療程的結果，而且在情感上已經準備好讓那隻動物離開。

麥泰最後的禮物

我心愛的貓伴麥泰，年僅十八，依舊是我的生命之光。我們的連繫牢固，而且深度連結，有著增強的靈魂熟悉感和親密感。我不知道我們曾經一起度過多少輩子，也不知道牠是否來自我的靈魂群組（soul group），但是我猜，我們彼此一定相愛了好長一段時間。我們與許多靈魂都有愛的連結。不過，對於那些共度過許多輩子因而建立起牢固連繫的人們，我們一定會有比較親密和熟悉的感覺。這些靈魂據說是我們的靈魂群組的成員。

麥泰的健康已經惡化了大約一年半，而且我知道，如果沒有我每三到四天給牠服下的藥物，牠必會受苦且開始往生過渡的過程。我個人的目標是，清明地協助牠回歸聖靈，在牠准許的情況下，就在那條彎道的前方，讓牠最後的時刻不會在急診室度過，體驗著高度的疼痛和受苦。

我曾經祈願或要求牠的任何事情都如我所願地展開。麥泰善於滋養人，性格非常堅忍。跨入二十一世紀之後，我把牠當成小貓飼養。之前幾個月，母親和我的三隻貓咪同伴相繼過世。我挑選貓咪的過程有一個標準，就是：我從即將跟我相處的小貓那裡得到某個明顯的信號。就這樣，我去到一處有滿屋子小貓可以收養的地方，而且打定主意，唯一挑選的貓咪是，當我把牠拎起來的時候，牠不會用爪子抓我或侷促不安地掙脫我的懷抱。而且最重要的是，當我看著那隻小貓的雙眼時，我要求對方會緩緩地對我眨一下眼睛，讓我可以認出牠是我應該帶回家的小貓。貓咪的眼睛非常善於表達，緩緩地眨一下眼睛始終是愛的表達。你知道嗎？麥泰是我在那一屋子裡拎起的最後一隻小貓，而且牠對我緩緩地眨了一下眼睛，好美。

麥泰往生前一夜，躺在我腿上，我開始跟牠談論牠是否準備好要「離開」。我告訴牠，不管牠想要什麼，我都會尊重牠，如果牠偏愛待在我目前提供給牠的安寧照護（實在沒有更好的詞彙可以形容）環境，我就會很有愛心地那麼做，直到牠告訴我的心，牠離開的時候到了。這次對話期間，牠看著我的眼睛，專心地聆聽，理解著我說的每一個字。於是我問牠：「你準備好要回家了嗎？」然後很意外，牠居然滿懷愛意地給了我一個漫長而緩慢的眨眼。我驚訝地倒抽一口氣，立即哭了起來，因為我知道，牠的靈魂記得如何讓我知道牠的願望。

互換緩慢的眨眼並不是我們的遊戲之一，也不是我們彼此交談之際常做的事。但是牠就在那裡，給了我跟我們當初相聚時完全相同的信號。那次對話期間，我的內心或頭腦毫無疑問地明白我們之間發生了什麼事。

我聯繫了我認識的一位很讚的「摯愛關懷」（Lap of Love）獸醫，羅倫・卡薩蒂（Lauren Cassady）醫師。（「摯愛關懷公司」提供寵物居家老年照護和安樂死服務）我們與有空前來服務的獸醫艾希莉・佩恩（Ashley Payne）醫師，約定了第二天的時間來到我家，幫忙麥泰繼續前進到牠的靈魂旅程的下一篇章。

我決定為麥泰寫一首感恩詩，我會朗讀出來，而且創建一座祭壇，上面有牠最愛的玩具、我最愛的牠的照片、一根蠟燭、幾項其他有意義的小物品。

從佩恩醫師蒞臨的那一刻起，我知道麥泰完全知道會發生什麼事，因為我們的連結非常緊密。即使心碎，我還是找到內在的力量和勇氣向牠致敬，讓牠的最後時刻對我們倆來說都意義非凡。

時間來到了佩恩醫師幫忙麥泰振翅高飛的時候。我說了我要說的最後

譚美與麥泰

幾句話，以我覺得牠配得的方式向牠致敬。許許多多天使存有圍成的光與愛的屏障圈住我們，令人讚歎，也是我永生難忘的事。麥泰躺在我腿上，佩恩醫師慈愛地幫助牠。因為麥泰年紀大，為牠做臨終注射時有點麻煩，很難找到方便靜脈注射的血管。我沒有聚焦在這件事，反而決定閉上眼睛，深呼吸，為麥泰傳送愛和知曉，讓牠明白牠可以輕易地釋放，而且很快就自由了。我想要安慰我們倆，而這麼做確實有幫助。

我仍然閉著雙眼，一或兩分鐘後，我感覺到麥泰的靈魂釋放了。然後麥泰送給我一個心情愉快、向靈魂致敬的心的融合（跟我之前描述的一樣）。淚水滑落臉頰，我滿懷敬畏地坐著，難以置信地接受牠的靈魂給出的最後這份愛和感恩的禮物。這持續了大約十秒鐘。我沒有睜開眼睛，只是對有耐心地允許我沉浸在我的體驗中的佩恩醫師低聲說：「我想你找到了可以注射的靜脈了。」她回答說：「是的。」我告別了麥泰的肉身臨在，而艾希莉醫師用一條美麗的毯子把麥泰包裹起來，放進籃子裡。牠看起來很平靜。

許多人認為，動物寧可活到牠們的身體自然死亡的那一天。我相信與那些人們相處的動物，在某種程度上想要且同意擁有那樣的體驗，否則他們不會在一起。也可能是，當事人從動物那裡接收到那些心願。無論如何，重要的是要信任，關於你的動物的生命如何正確而完美地終結，你的心與牠相連。你可以信任你與你的動物的連結，指引你必須代表牠做出任何重大的決定。假使財務狀況使你的渴望無法實現，也有非營利組織或獸醫們有時候會提供減價服務。

❖　❖　❖

為莉莉舉辦有意識的儀式

安雅的狗狗莉莉該要過渡回歸聖靈的時候，我已經定期與莉莉合作了將近三年。莉莉與安雅有著難以置信的深厚靈魂連繫。從莉莉的第一次療程中可以非常清楚地看見，她們已經在一起許多世，而且我的感應是，莉莉來自安雅的靈魂群組。每一個人都有靈魂群組，有些人稱之為「靈魂家族」（soul tribe），而我們經常與我們的靈魂家族一起投胎，幫助彼此進化、成長、釋放業力、更深刻地愛人。我相信，在某些情況下，我們的靈魂家族的某位成員，可能會投胎成為動物，為的是與我們合作，教導我們「頂峰教導」之一。（在第四章〈靈魂契約類型〉中，將會談到更多關於頂峰教導的內容。）安雅和莉莉是一支有動力的療癒團隊，而且全球不少女性團體體驗過安雅的療癒計畫。莉莉的最後幾年是奇蹟，因為牠有幾個健康問題，而牠的獸醫認為，那會提早結束牠的生命。

在我協助莉莉進行倒數第二次遠距療程時，我看見的畫面是：安雅的高我穿著一身全白，打開一扇門迎接莉莉。她臉上容光煥發，洋溢著平靜與無條件的愛。我思忖著是否要分享這個畫面，因為我知道，那意謂著，莉莉離世的時間很近了，而且動物的往生時間應該直接由牠們的守護人決定。這是我第一次覺知到守護人的高我迎接著他們的寵物的靈魂。在我與莉莉合作的這幾年間，我知道牠起碼是已進化的療癒大師。牠的靈魂還在牠的身體裡的時候，以及許多次是在牠返回到另一邊之後，牠的靈魂會突然出現在我的療程中，成為我與個案的療癒團隊的一員。我把牠視為我最偉大的老師之一，而且對我的心而言，牠總是親愛而靠近。

安雅住在北卡羅來納州山區一處精心設計的社區。莉莉在當地的整體獸醫的協助下，回歸聖靈的那一刻，安雅請我正式與莉莉連結。我之前描述過，療癒療程可以緩和動物的往生，使牠們的靈魂能夠從牠們的身體中釋放出來，且在抵達另一邊的時候適應環境。

安雅描述她創建了有意識的儀式，向莉莉服務和愛的生命致敬。

「莉莉小姐是非常善於交際的女孩，不僅喜愛和我的個案和學生們打招呼，而且在牠離世之前，必須和牠最愛的地方、人們、狗兒道別。在牠往生前幾天，跟往常一樣，我帶著牠去參加社區裡『睿智狼女委員會』（Wise Wolf Women's Council）的開幕式。這個圈子裡大約有一百位女性，莉莉繞了一整圈，跟大家打招呼。在我自己比這小許多的圈子中，牠經常這麼做，但這次非比尋常。那天是星期五。當時我並不知道我們會決定下週三是她回歸聖靈的日子。

「牠和我決定牠該要離開的那一天，我們最後一次沿著牠最愛的小徑漫步，儘管牠很虛弱，但卻非常堅定要完成這整件事，直接上坡。然後我

莉莉與安雅·麥克安卓——文學碩士（M.A.），執業心理諮商師（LPC），
美國國家認證諮商師（NCC），超個人薩滿心理治療師

們去拜訪牠的狗兒朋友阿努比斯和維真。接著牠領我來到我們社區靜修中心的前院，躺在那裡的草地裡。我們很喜歡一起賞鳥、看松鼠，牠看完之後，我們一路走回家，等待儀式開始。

「譚美、莉莉和我已經一起工作三年了，而我的新愛人蓋瑞最近剛從西雅圖搬到北卡羅來納州西部，讓我們可以開始一起生活。我們都明顯地感覺到，莉莉知道，既然蓋瑞來了，我會沒事。我感應到，莉莉知道有人支持我，這幫助牠在離開身體時感覺比較好。我們舉行莉莉的神聖儀式時，實際上是在蓋瑞抵達六天之後。

「至少有二十個人聚集在一起，向莉莉致敬並為牠送行。此外，我的全人醫療獸醫泰咪．希勒（Tami Shearer）醫師前來給藥，而譚美．碧樂普絲在電話線上，幫助莉莉出離牠的身體。朋友安妮拿著一塊大大的石英晶體，放在莉莉的第三眼位置協助牠。這是我一生中最艱難的決定，但我毫無疑問地知道，以這種方式協助牠離開是正確的做法。

「有趣的是，我始終覺得，莉莉內含至少我未曾出生的女兒的某個面向。在我得到莉莉這隻小狗之前，老覺得身邊有個小女孩（靈魂），但是當時那股能量不夠強，不足以在我體內或為我當時的婚姻帶來一個孩子。

「好想念莉莉，十年後談起莉莉，還有淚水在眼眶裡打轉。牠是上天賜予的禮物，也是我十五年來的美好摯愛。」

你們的靈魂契約完成了嗎？

在靈魂層次，你和你的動物同伴，非常清楚你們在幫助彼此學習什麼，以及為什麼你們簽署要相互療癒。許多時候，你的動物朋友會留在牠的身體內，直到你們的靈魂契約完成為止。有時候，即使你們的靈魂契約已經完成，牠們也會一直陪伴你，直到你允許另一份愛（人、嬰兒或動物）進入你的人生為止。這時候，牠們可能會選擇顯化某種身體疾病，或另一種離開身體的方式。牠們可能會選擇留下來，直到你准許自己繼續前進並允許新的愛進入你的人生，然後牠們可能會很快退出。

許多時候，人們不經意地對此感到困惑，以為可能因為他們敞開心扉去愛另外一個人或動物，從而導致他們的寵物提前離開，於是不知不覺地責怪自己。請明白，你的寵物只是在等待你在生命中首先擁有另外一份愛。要向牠們傳達感激之情，而且要知道，這一切都是為了你的至善精心安排的。

當動物快速釋放，或你必須代表牠們做出似乎不知從何而來的決定時，要知道這也是命中注定的，屬於你們的靈魂契約的一部分。假使事情開始朝著與你預先安排的靈魂契約並不一致的方向發展，牠們可能會選擇離開，然後在另外一個時間回來。每一個靈魂都有自由意志。

比方說，你有一隻寵物突然間生病了，年紀小小便一命嗚呼。這可能是你們的靈魂契約已經完成了。又或許，你們的靈魂契約是讓那隻動物先離世，好讓你可以透過牠的過世學習些什麼。也許你成為倡導者，讓人們進一步覺察到終結牠們生命的疾病，或這事幫助你契入尚未表達的悲慟，使你擺脫從前尚未解決的失落。

許多人們在不幸的歲月中經歷了多重的失落，可能包括失去家園、工作、動物或親人。最終，這可以是催化劑，促使他們接受符合他們最高和最佳利益的全新生活方式。我的靈性旅程開始於我母親的離世，隨後我心愛的三隻貓咪在幾個月內相繼離世。我毫無疑問地知道，即使在我生命中最艱難的那一年，牠們也準備好要往生過渡，因為我們的契約使牠們一直支持我，直到時間再也不容許為止。牠們攜帶著許多我的「東西」，所以雖然那是一段艱難的時期，但我很高興牠們不再受苦。牠們每一位都教會我許多關於我自己的事。體驗到牠們慈愛的禮物，幫助我以從前沒有感覺過的方式去感受。

同樣地，在我母親去世後十八年左右，我父親往生了，而當時與我共同生活的貓咪們，也在隨後幾個月內相繼離世。事情並不總是以這種方式發生，但確實可以這樣發生。第二次，事情容易許多，因為離世的三位都曾經活出長壽、健康、慈愛的生命，於是我在情感上和身體上也健康許多。但是我知道，就跟我母親去世的時候一樣，我進入了人生的新階段，而且我會沒事。我非常清楚我們的靈魂契約完成了，而且我們一定會再次相聚。

在艱難的歲月中，或是包含多重失落的時期，要知道這些時期為你的靈魂保有許多美麗和成長。你已經了解了這些光束，也就是你的動物同伴們，前來教導你什麼，因此你可以向前邁進，變得更好，因為牠們讓你看見了你自己。

茉莉的驚人訊息

在動物救援中，常用一個眾所周知的詞彙來描述茉莉，就是「寄養失敗」。傑夫是某動物救援組織的志工，在二〇〇三年的某個週六，幫忙收養了一隻動物，當時他得知，某隻獲救的拉布拉多混血種，在拖車屋停駐場的移動房屋底下生了十三隻小狗。他立即回應要幫助這個毛小孩家庭。

小狗們很快找到了牠們永遠的家，留下那隻現在叫做茉莉的堅強母親，等待被收養。

傑夫和妻子琪琪收養了茉莉，而且持續好幾個月都帶牠參加週末收養活動，要幫牠找到永遠的家，直到某一天，他們突然間領悟到，茉莉已經有家了。

茉莉又過了十六年美好的生活。牠一直是活力十足的健康女孩，直到二〇一九年三月，牠失去了兩隻後腿的功能。還好，傑夫在家工作，這讓他能夠密切關注茉莉，於是茉莉躺在傑夫辦公桌旁邊自己的床上。儘管身體受限，但茉莉還是胃口奇佳，頭腦清醒，甚至渴望玩耍。她並沒有表現出想要「離開」的跡象。傑夫經常告訴茉莉，只要他持續得到明確的訊息，表示茉莉離開的時間還沒到，他會很樂意帶著茉莉到處走。

在這段相愛相依的時期，他們的連繫更加牢固。傑夫開始感應到茉莉何時需要外出。有時候，傑夫在淋浴或在雜貨店，突然間感覺到茉莉需要他，而且總是準確無誤，與他的女孩合拍同調，他會急匆匆回到茉莉身邊。

進入新習慣之後五個月，事情開始生變，於是傑夫打電話給我，安排了一次療程。茉莉沒什麼興趣進食，眼中的火花似乎也消失了。不僅如此，他們全天候的例行公事，其實令傑夫有點心煩。他不斷地盯著茉莉，而這一切逐漸在身體上和情感上都變得挑戰性十足。

在我與茉莉進行心連心的療程之後不久，我注意到，她試圖透過我的心靈之眼讓我看見某事。我可以看見一名黑髮女子背對我站著，用手機說著話。然後突然間，我聽見女子非常清晰地說出某句話的一部分：「靈魂契約完成了。」

聽到這裡，我倒抽一口氣；不是因為那句話，而是因為我認出那個聲

傑夫與茱莉

音和女人就是我。前一週，茉莉曾帶我去到我與一位朋友的對談。我曾經熱烈地與朋友分享，假使我臥床不起，而且完成了與我的照顧者的靈魂契約，我寧可有人把我從我的身體中救出來，也不願眼見我愛的人在照顧我的時候努力掙扎。

我相信這是茉莉在轉達她的心碎了，因為看著摯愛的人在照顧牠的同時苦苦掙扎，而且他們的靈魂契約完成了。在與傑夫分享了茉莉讓我看見的內容之後，他崩潰流淚，那些話聽起來很真實。「是啊，就是這樣，」他說，「那就是茉莉，擔心我勝過擔心牠自己。」

經過長時間的討論，傑夫和琪琪做出了繼續前進的決定，要協助他們心愛的茉莉回歸聖靈。隔天，他們的獸醫有空來到他們家，那是一場非常神聖而平靜的往生。傑夫分享說，做了那個決定，他感覺到自己靈魂中的平靜。他心裡很清楚，這是茉莉想要的。

動物非常清楚你的每一個感受，而且可能很難讓牠們眼睜睜看著你掙扎。看見我們所愛的任何生命，遭受情感和身體的挑戰，絕不是容易的事。然而茉莉的故事使我們領悟到，有些時候，動物會找到方法來准許你協助牠們往生，因為你們共享的經驗不再為你們共同的進化服務，而且靈魂契約完成了。

神聖的洞見

來自我們稱之為寵物的光束的喜悅、無條件的愛、接納、無盡的教導，就像磁鐵一樣吸引著我們。我們了解到，我們內在有勇氣敞開心扉，一次又一次地與牠們分享我們的生活，因為動物帶進我們生命中的愛和安慰無與倫比。愛值得這些。愛是可以被珍愛和注視的。我們的靈魂已經知道這點。愛是我們在這裡的原因，而且它是我們靈魂成長的必要條件。假使你跟我一樣相信這不是你第一次投生，那麼在你的寵物往生過渡到另一邊之後，你已經領先一步，有能力找到平靜。你相信靈魂永恆的信念，以及知道你一定會再次見到對方（甚至可能是在你現世的人生中再次見到對方），將會在你的療癒過程中幫助你。

沒有比想到你的寵物在某方面受苦更糟糕的事情了。那個想法本身就會為疼愛牠們的人們製造苦惱和恐懼。再加上因過去的失落而尚未釋放的痛苦，於是像滾雪球一樣堆積，因失去你的寵物而高度焦慮和恐懼。你內在清楚地知道且害怕感覺到情緒痛苦的那個部分，想要保護你的心，為脆弱易受傷設下一道鎖和一把鑰匙。這種綜合症狀的另一個名稱叫做：「因為是人」。然而，假使你害怕失去你的寵物的那個部分，控制了由你代表牠做出決定，你可能會錯失與你心愛的動物同伴，共度某些溫柔、神聖、向牠致敬的最終時刻，甚至錯過了關於牠們偏愛什麼的訊息動物不怕死。牠們知道那是生命的一部分，何況你們還會在一起，只是以另外一種方式。對人們來說，重要的是要針對自己的執著（執著於某個特定的結果）下工夫，而且准許自己在寵物在世的最後幾個月、幾週、幾天，把自己照顧好。這使人們能夠更輕易地保有神聖的空間，從自己的成人部分做出抉擇，感受與自己的寵物心連心。

要記住，沒有人比你更了解你的寵物。雖然做出幫助牠們離開身體的決定，是迄今為止你所做出最艱難的決定之一，但是當你調頻進入你已經與你的寵物建立的心連心，信任你的內心可以指引你，你必會擁有平靜。有時候需要先滋養自己內在的小孩，然後才能擁有更清晰的連結，信任你所感應到的內容。

信任你自己以及你與你的動物的心的連結，可以代表牠做出決定，為你的靈魂帶來極大的成長。如需進一步幫助，請參閱我之前的著作《與自己的動物同伴一起進行靈魂療癒》當中〈重大的決定〉那一章。

關於寵物的照護，無論你做出何種選擇，牠們都無條件地愛你。有時候，你的靈魂契約的一部分，是你為牠們提供安寧照護，而且透過那樣的體驗，你學會對其他人事物有耐心以及提供神聖的服務。有無限的潛在靈魂契約和學習，而且當然，契約內容隨著每一段關係而不同。

假使你正在決定慈愛地協助，你的寵物回歸聖靈的時候是否到了，請記住這點：時間到了的時候，你心中會知道。

如果有可能，要知道當你心愛的動物的靈魂，從牠們的身體中釋放出來時，牠們會感激有你陪伴在身邊。在展開的某些情境中，這樣的感激不可能達成。如果使你無法陪伴牠們的唯一因素，是你害怕即將忍受的情感痛苦，那麼要知道，你比你以為的更堅強，以及你真的有心在牠們的臨終時刻陪伴牠們。這是靈魂伸展的機會，有利於你自己的成長。要融入周圍的靈性幫助，尋求支持，找到繼續培養你自己內在養育孩子所需要的勇氣，才能釋放你的恐懼，深入了解你一定會活下來且因此獲得更多。

創建一場你選擇的神聖典禮或儀式，與你心愛的同伴道別，可以幫助你更快速地處理失落以及從失落中復原。有時候，情況使然，並沒有這個選項，即使那樣，你仍然可以在牠們離開後為牠們舉辦一場神聖的緬懷儀式，而且牠們一定會在場。你越能擁抱自然的悲慟循環，療癒和釋放你的痛苦，日後當身體上的挑戰出現時，你因其他動物產生的恐懼就會越少。

一切該如何展開，就會如何展開。要記住，在你的寵物過世前後及期間，你都有額外的天使和靈性協助。要融入慈愛地為你、你的寵物、你的家人提供的幫助。幫助始終在場。你絕不孤單。要向你的寵物的靈魂致敬，感激牠好好活過及提供服務的一生，而且因為知道你將會再次見到牠們而找到慰藉。你們對彼此的愛是永恆的。

與寵物的靈連結

在你的動物同伴還陪伴著你的時候，以及牠們回歸聖靈之後，都可以使用這個技術。

- 舒舒服服地坐下，放輕鬆，做幾下深呼吸，讓氣息進入你的心。
- 召喚你的寵物的靈魂，請牠們加入你。你可以經由心靈感應這麼做，或是大聲說出你的請求，或兩者同時進行。想像牠們坐在你面前，在你旁邊，或在你腿上。
- 繼續直接將氣息吹入你的心。也許將一手放在心上，幫助你放鬆。
- 想像一條美麗的金屬金光索，連結著你的心與你的寵物的心。

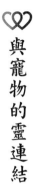

- 放輕鬆，將氣息吹入這個神聖的心與心的連結。感覺愛流經這個連結。
- 在這個神聖而有愛的空間中，假使你允許牠們為你曾經為牠們做過的一切送出愛和感激，你便同意牠們完成了一個大大的心願。
- 好好呼吸和接收。
- 與牠分享任何想法，或提出問題。表達你心中的任何想法，無論那個情緒是否與牠有關聯。
- 你可能會感應到某個答案，看見某個畫面或某種顏色，或只是感受到牠們的愛。你的問題的答案可能會在那一刻、在後來的夢境中，或在接下來的日子中，以某種獨特的方式出現。
- 讓你的動物的靈魂，幫助你療癒你受傷的任何部分。
- 准許自己釋放和療癒，這是向牠們的靈魂致敬的方法。
- 表達感激之情。

第3章

動物的靈魂史

動物也會積累業力嗎？牠們是否會為了陪伴同一個人而一再轉世呢？你可以為某隻特定的動物安排轉世嗎？某隻動物在前世可能是另外一個物種乃至是一個人嗎？動物之間有業力要彼此平衡嗎？以及最難的主題：為什麼動物會選擇被虐待呢？

這些問題將會在這個極具啟發性的章節中好好探討，這裡充滿著過去二十年來，為我的人生和療癒實務增添光彩的動物老師們的智慧。在本章中，我撰寫業力和轉世輪迴，並不是透過深入了解印度教徒或佛教徒的信念，而是透過與動物和人類合作，幫助他們清除根深柢固的情感創傷時，我所得到的個人經驗和療癒實務的工作。你與你的動物的靈魂史，是你們一再被彼此吸引的一大原因。你們共享的旅程很可能已經超過了人的一輩子，而且你們神聖的夥伴關係，對你們雙方靈魂的進化至關重要。

業力（karma）

根據印度教和佛教的教義，業力是一個人行為的總和，包括今生和之前的存在狀態，因此被視為決定這個人未來存在的命運。

非正式的說法：被比作天命或命運，或從原因得來的結果。

當你覺知到業且調頻進入業的時候，你會注意到它在你的人生中演出，有時候相當快速。你有沒有遇過，一輛車猛然出現在你前方，導致你不得不猛踩剎車，然後某人以完全相同的方式，在下一個轉角處從那輛車的前方竄出？業的同步性，以這樣的方式在人生的各個面向不斷地展開。

可以將業描述成神性平衡器，平衡你有意識和無意識的體驗，以及從你過去的抉擇所產生的感覺和信念。覺知到業的因果性質為一切眾生提供機會，讓他們透過渴望達成自我內在的平衡，刻意地增強自己的靈性DNA。

當你有意識且刻意地做出慈愛的抉擇時，你的靈魂的脆弱部分的藍圖，會得到比較深邃而持久的轉化。

從靈魂的視角看，每一個人和動物，都有過某些體驗，促使他們選擇今生的經驗，為的是平衡靈魂的業力天平。這反過來可以大大增強，相遇的每一個人或動物內在的療癒和進化，因為他們承諾要有意識地做出修正。由於向前邁進，他們的行為和互動，刻意地聚焦在透過充滿無條件的愛和善意的由衷行為，創造正向的善業。

關於如何讓靈魂保持在業力平衡的正向狀態，動物是絕佳的典範和老師。牠們不帶評斷地聆聽，無條件地愛，以我們只能希望在今生複製的方式為他人服務。

輪迴（reincarnation）

一個靈魂轉世在新的身體內，相信某個特定的靈魂，已被重新誕生在一個人或一隻動物體內。

非正式的說法：過去的某樣東西的全新版本。

我親愛的朋友辛西婭是愛狗魔人。貓嗎？沒那麼愛。因此，得知她有過一隻童年愛貓，我很驚訝。由於知道她對貓科動物的善於堅持很反感，所以我問辛西婭，她疼愛她的貓咪莫莉安的原因是什麼。她說了一長串：每次她一吹口哨，莫莉安就會跑過來，而且總是在門口迎接她，隨時準備好。莫莉安會要求去戶外辦牠的「事」，所以辛西婭的家人從沒買過貓砂盆。一到室外有圍籬的後院，莫莉安就待在後院的範圍內……從不會試圖跳過一．二公尺高的圍籬。牠愛玩把丟過去的物品拿回來，也愛學把戲。牠甚至很喜歡洗澡！

莫莉安在某個前世當過狗。八成當過許多世的狗。

在我的靈性覺醒的早期，我閱讀且超級喜愛布萊恩・魏斯（Brian Weiss）醫學博士的《前世今生》（*Many Lives, Many Masters*）一書。輪迴和多重生命的概念令我著迷，因為在我人生的前四十年，這個想法不曾進入過我認為有可能的領域。在我全新的多維人生的頭幾個月，透過他記錄的前世回溯工作，魏斯博士驗證了我當時拼湊的大部分內容。除了恐懼症和擔心之外，我對音樂、家居裝飾、熱愛鄉野的偏好、身體的疾病和敏感性，全都與我的前世經驗息息相關。

之前提過，在我人生的莫大失落期間，突然間能夠看見靈界。我會經常看見不只是我潛抑的童年記憶，還有我前世的許多景象，包括好的和不那麼好的景象。因為我們在這裡為的是學習、療癒我們的情感創傷、平衡我們過去的抉擇，所以我覺知到的大部分前世，都是需要被矯正的前世。讓我看見的許多前世充斥著以前時代的戰鬥和戰爭。想到我的靈魂可能在那些前世，做著我觀察到算是很負面的事情，實在是令人大開眼界。就在我的靈魂史的鎖被解開之後的早期，我身心交瘁，感到羞愧，感覺沒有力量糾正來自前世的那些行為。

好消息是，我們在此地此時越清醒、越有意識，就可以越快速、越輕易地以指數方式清除和平衡我們的業，即使是今生製造的業。平衡過去的業力經驗，未必是一種以眼還眼的情境。業有時候可以被清除，舉例來說，因為打開你的心扉，找到勇氣治癒你自己內在持有的任何無價值感，以及提升你的意識層次，為其他眾生服務。有時候有一種服務的平衡，譬如說，照顧某位在你前世的艱難時期照顧過你的人。多數時候，業是透過預先安排好的善舉得到清除，以此平衡兩個存有之間的能量。

當修正業力的個體在身體內的時候，平衡業力的速度會加快許多。而且某些你渴望療癒和業力平衡的領域，只有在化成肉身期間才能被清除掉。

地球學校為那些帶著愛為自己和他人現身的勇者，提供無窮無盡的贈禮。

另一項驚人的發現是，我領悟到，我目前的動物同伴們，在諸多前世一直陪伴著我。在本章結尾，我會分享我與目前的貓咪同伴菩提和魯米的靈魂史。在收養牠們之後，最令我驚訝的是認出牠們的靈魂。當我意識到牠們之一在前世曾經是誰的時候，我淚流滿面地跪倒在地，才能釋放自上次見到牠以後的六年多來，一直懷有的內疚和痛苦。另一隻貓咪今生仍然是我最偉大的老師和嚮導之一。如果沒有這兩道光束……再次回到我身邊，這本書勢必寫不成啊！

透過我的個人和工作經驗，我也確定我們有一個動物的靈魂群組，我們多次搭夥合作，就跟我們生命中的人們一樣，追求共同進化和業力平衡。我們有靈魂群組，全是共同創造的同伴（包括兩條腿和四條腿同伴），我們刻意地投胎，幫助彼此發揮最大潛力。在麥可．紐頓（Michael Newton）的著作《靈魂的旅程》（*Journey of Souls*）之中，也提到和解釋了靈魂群組。也有其他生命、動物、人們與我們連結，為的只是清除業力以及平衡彼此之間的能量交換。這些是兩種截然不同的靈魂療癒契約。

有無窮盡的原因，使一隻動物可能會選擇與你分享牠的全部或部分生命。舉例來說，對你產生負面影響的動物，可能不是來自你的動物靈魂群組，但是或許你與牠們締結契約，要牠們成為按下按鈕的那一位，可以幫助你清除尚未釋放的情緒。或許你打算從對方身上學習慈悲和耐心。在光譜的另一端，可能會有一隻動物，牠的目的是在你最需要牠的時候讓你想起自己有多讚。要試圖找到牠們的行為和舉止的更高意義，因為這將會幫助你覺知到，你的靈魂在你投生到現在居住的身體內之前已經規劃好的禮物。

大多數動物愛好人士，都與幾位曾經對他們的靈魂成長造成重大影響的動物同伴，共享這趟旅程。有可能牠們是你的第一份無條件的愛，或是牠們支持你度過艱難時期，或是牠們的愛幫助你在身體上和情感上療癒。你八成已經認識和疼愛這些動物許多世了。這些光束的目標是提醒你，你的核心究竟是誰的真相：美麗、有愛心、有價值、強而有力的存有。

當一個人首次遇見注定要彼此陪伴的動物時，那隻動物無疑會認出並選擇這個人。這個人很有可能會對這份興趣做出回應，但是有時候，這個人直到花了更多時間與這隻動物相處之後，才認出這隻動物的靈魂。動物往往比人類更頻繁地保持牠們與神性的連結，因此牠們一流的觸角，將會回憶起出生前的協議並直覺地帶領牠們與對的人連結。這簡直太神奇了。關於動物和人類如何以及為什麼相互吸引的宏觀布局，會在第四章〈靈魂契約類型〉中進一步詳細說明，其中記錄了他們之間的出生前規劃的可能性。

動物會積累業力嗎？

我得出的結論是，動物可能有牠們企圖要平衡的業力體驗。由於鏡映人們如何有意識或無意識地希望平衡他們與其他生命的相遇，所以動物也走在成長的進化旅程上。

當我們深愛某人或某隻動物時，可能會有某部分的我們想要帶走牠們的痛苦。有時候，這可能會如實地發生。假使那人（或動物）釋放痛苦並回歸聖靈等待轉化的時間還沒到，那就需要返回到痛苦被製造出來的緣起點，否則就會失衡。

請注意，假使某人或某隻動物準備好要釋放能量，因為他們已經記取了教訓、做出了修正、治癒了情感創傷，那是不一樣的。那一類型的清理可以自然而然地發生，或是能量可以在動物或人的協助下釋放，然後單純地回歸聖靈。

只有當有一份無意識的盤算存在時，才需要將情緒能量還給另外一個存有。舉例來說，吸收了情感或身體痛苦能量的善意人士或動物，可能會無意識地認為，承受所愛之人的痛苦，而不是眼睜睜看著他們受苦，對他們來說可能會比較容易。

需要平衡動物的業的另一種方式是，如果牠們的行為在前世，在身體上或情感上傷害了另外一個生命。如果一隻動物表現出的舉止和行為，對另外一個生命造成了負面的影響，而且牠們在那一生中並沒有平衡那些感受，牠們就會需要做出修正。動物很可能會刻意透過神聖的服務創造善業，甚至有可能為受到牠們的行為影響的特定生命提供服務。就跟人們一樣，有可能在造業的同一世中平衡業力。

在推進療程的時候，我經常看見動物與牠們的主人之間的前世，因為這涉及療癒他們在今生相互簽定要清理和平衡的內容。我會在第五章〈協力療癒案例研究〉中分享這些非凡的故事。

你可以為某個特定動物的靈魂，安排投生轉世嗎？

在某些情況下，這是有可能的。當你與你的動物之一，建立了非凡的連結時，自然而然便希望牠們的靈魂返回到你身邊。「地球學校」並不容易，而動物是某些人將會體驗到的最安全的愛。如果寵物的壽命比較長，而且我們可以多花些時間陪伴牠們，尤其是與我們有深厚連結的那些靈魂，那就太美好了。但事實並非如此，因此失去動物的最終痛苦是不可避免的。

許多人在心愛的動物同伴過世後非常想念牠們，因此刻意尋求幫助，希望寵物的靈魂能夠以不同的身體返回。我知道有天賦異稟的直覺引導師，可以幫助你與你心愛的動物以全新的動物身體重聚。

作為本書研究的一部分，我在幾個群組論壇上詢問大家，是否他們曾經在引導師的幫助下，成功地讓動物返回到自己身邊。雖然沒有人表示有過這樣的經驗，但我推測，對許多人來說，這事很可能已經證明頗為正向。有不少人表示，因為向高能尋求幫助，他們達到了自己渴求的結果，或者只是透過心與心的連結，與他們已離世的動物的靈交談。

一切眾生都有自由意志，因此有可能改變你及和你共享你的心和家園的動物，預先安排的契約。假使那麼做符合你的療癒和成長的最高和最佳利益，那麼成功的機會就會增加。

有時候，你渴望與同一隻動物重聚，因為你仍在為失去牠們而悲慟，而且有尚未釋放的情感痛苦。有許多健康的方法可以釋放你的悲慟，反過來滋養自己，開始療癒任何先前存在的向外看模式，才能填滿你感到被愛的需求。悲慟失落諮詢、每天冥想、鍛鍊、能量療法是幾則實例。如果一個人長期潛抑自己的悲慟和情感痛苦，他們必會更加害怕失去任何動物，甚至可能會決定不再與動物分享他們的生活，因為當動物往生時，實在太痛苦了。

如果你是潛抑悲慟且相信輪迴的人，那麼安排你的寵物回到你身邊，可能看似是減輕痛苦且合乎邏輯的答案。不過，這是暫時的解決方案，因為你八成會再次比牠們長壽。假使你繼續潛抑你過去的悲傷和痛苦，它必會顯現成某種身體的疾病，無論是在你自己身上，還是在你的動物身上（如果牠們已經回到你身邊）。此外，你可能會無意間促成製造持續、潛在的恐懼，害怕再次失去牠們。

我的建議：為你的生活增光添彩的動物，都是你們共同創造且經過神性精心安排的計畫的一部分。要開始信任你和你的動物同伴，為你們的共同成長精心挑選的時機。你們的高我敏銳地覺知到，你們倆想要在地球學校期間完成的事。那是潛在的成長機會，讓你臣服於你的核心智慧且信任更高的計畫。正確而完美的動物，一定會在正確而完美的時間出現。

要把即將進入你的人生的動物，視為你有幸拆封的禮物，分享彼此的旅程，藉此一起發現你們倆希望去感受、治癒、學習的事物。

動物靈魂在某個前世，可能是另外一個動物物種或某個人嗎？

答案絕對是肯定的！你的寵物之一，八成從前曾經以另外一個物種的身分與你分享過牠的生命，這些可能性非常高。或許你甚至已經辨認出牠在某個前世是什麼類型的動物。

在收養了我的小貓麥泰並把牠帶回家幾天後，我注意到牠像狗兒一樣，以「乞求」的姿勢坐起來，而且多次同時擺動兩個前爪，我驚呆了。牠一輩子都在做這件事，只要牠想要某樣東西。我知道，在牠生命的頭幾個月中，並沒有祕密的小貓訓練師教導貓咪們屬於狗兒的把戲。這個行為與牠的靈魂的DNA息息相關。除非牠在某個前世就是狗，否則怎麼會這樣？麥泰總是像狗一樣。牠喜歡玩撿東西（牠把玩具銜回來，扔在我面前），容易因食物而受到激勵，甚至樂於穿上貓咪胸背帶被牽繩拉著走路。

我多次聽見個案說到類似的情況。「我的狗比較像貓。」或「我的馬表現得跟狗一樣。」雖然多數時候，當我觀察動物個案的前世時，牠是同一個物種，但有時候在療程期間，我覺察到某隻動物在前世是不同的物種。貓和狗比較頻繁地與人們共享生活。由於互動的複雜性和深度，與人們互動，以及為人們服務可以促進牠們靈魂的成長。動物愛好人士一定會同意，由於動物堅定不移的服務，他們得到更美好的轉化，也更快速得到療癒。

動物可以選擇成為另外一個物種，如果牠們非常渴望成長，或只是想要擁有那段經驗。偶爾，我看見動物擁有人的靈魂，這個人選擇投胎成為動物，為的是與那個人在一起。這個靈魂可以是那個人的靈魂群組的指導靈，乃至某位過去的親人。這些投生旨在幫助那個人敞開心扉、療癒、更快速地成長。擁有人類經驗的那個人，感應到那隻動物提供的無條件的愛的熟悉和安全，於是融入牠的療癒禮物。

動物之間有彼此要平衡的業力嗎？

動物可能會有要與另外一隻動物一同修正的業力。你會知道你的毛小孩之間是否有業力發生，因為當動物們「認出」彼此的靈魂時，會有一份立即的蔑視。被帶回家中的新來動物，可能甚至會因為對原本家中寵物反應劇烈，或因原本家中寵物反應劇烈，而後被送回或重新安置。好消息是，牠們之間這段最初的短暫互動，對平衡牠們的業力是非常可行的。

有許多方法，可以詮釋動物們企圖平衡其業力體驗的互動。兩隻動物之間的業力，有可能很快被清除。或許這一次，動物的角色互換。想像一隻沒有鏈繩拴住的狗跑向另外一隻狗，意圖傷害牠。或許在未來的生活中，角色互換，只是剛好足以清除那次的業，何況一次簡單的狂吠或能量和意識的釋放，便足以清除那次的業。當這種情況發生時，一旦業力得到修正，牠們就不需要成為閨蜜且從此幸福快樂地生活。

兩隻動物之間總是有一份更高的計畫，有業力要平衡，也有無窮無盡的潛在方法可以落實業力。在艱難的情境中，要盡力而為，在此，安全應該始終是最重要的事，要知道你的行為，通常也是牠們的更高靈魂計畫的一部分。在這些情況下做出艱難的選擇和決定時，請慈悲對待自己。要與牠們心連心，請求得到信號，明白該如何正確而完美地踏出下一步。要信任你與牠們的連結可以指引你。

巴迪與糖糖

黛比的父親最近去世了，她父親留下的狗巴迪需要一個新家。黛比決定收養巴迪，儘管她丈夫喬並不熱衷把另外一隻寵物帶進家門。黛比聯絡我，要為巴迪安排一次療程，幫助牠釋放悲慟，也協助牠從家裡唯一的動物，過渡到已經有兩隻狗和兩隻貓的新家。

我一與巴迪連結，就看見牠與黛比的另外兩隻狗之一糖糖，有尚未解決的業力。我可以感覺到牠們對彼此的焦慮。我和藹地警告黛比，說牠們倆之間可能有一些需要平衡的業力。我建議她以心靈感應的方式，傳送糖糖和巴迪相處的畫面給牠們倆，再慢慢介紹牠們倆認識對方。

從巴迪和糖糖看見彼此的那一刻起，牠們就不喜歡對方，一點也不喜歡。但這就是故事有趣的地方。巴迪在屋子裡找了一個遠離糖糖的安全地點，牠會黏著經常在家中辦公室工作的喬。

隔年，黛比和喬決定分道揚鑣，辦了離婚。唯一跟隨喬的動物是巴迪，因為他們倆已經變得形影不離。有一份更高的計畫和理由讓巴迪始終跟喬在一起。糖糖和巴迪從來沒有變成朋友，牠們之間也沒有任何實際的肢體衝突，但是牠們八成清除了彼此的業力。糖糖的性格比較好強，但是或許，牠們上輩子相處的情況恰好相反。

這則故事的另一個層次，與黛比和喬之間的關係有關。我經常看見屋子裡的兩隻動物，反映出人類夫妻的關係。這些動物可能會鏡映著兩個人類的外在互動，或他們沒有說出口的想法和情感。

為什麼動物會選擇受虐？

對動物愛好人士來說，這一定是最困難的主題。可是我卻覺得，這是該要開口討論的重要話題，因為透過了解動物，可能在靈魂層次選擇經歷身體受虐的某些原因，有可能提升你的覺知。這個主題很容易觸發許多情緒，本質上確實非常複雜。我的意圖是稍微照亮一下這個主題，給你一些資料思考，而且希望也為你帶來些許安慰。

許多動物愛好人士，避免看見或聆聽與虐待動物有關的任何事物。其他時候，當人們聽見關於某些人既沒良心又行為殘忍的故事時，他們發現自己對動物受到的待遇滿腔憤怒，甚至對人性極度失望。

一般而言，動物愛好人士往往有同理心。有同理心是天賦。想到你認識的某人（很不幸地）沒有同理心。你會偏愛哪一種呢？對他人有同理心，且感同身受另外一個生命正在經歷的事，那是情感成熟的基礎。

有同理心的人們，往往會被動物而不是人所吸引。愛動物很安全，而且動物鏡映出，可以感受他人情緒和周圍環境的能力。動物維持且滋養牠們與高能的連結，於是這點像磁鐵一樣吸引人們。人們天生被提升他們且不評斷的對象所吸引。動物是大師，善於為人們提供使他們感覺做自己很安全的環境。

在聽見動物受苦時，有同理心會產生高尚的情緒反應。想到任何動物受虐，都會令動物愛好人士感到噁心。我知道那令我反胃。

如果你曾經被某人虐待、折磨或壓迫，你對動物受虐的情緒反應會被放大，因為在某個層面，你如實地感同身受那隻動物。這裡的作用在於，進一步重申某個無意識的信念：人是不安全的。我們的靈魂天生與我們有過的每一次體驗的記憶連線，無論是善意的和不那麼善意的體驗。最終，這是我們可以感同身受他人，以及感覺是否同理或憐憫對方的透鏡。

今生的前八年，我體驗過諸多受虐。各種類型……身體的、情感的、性方面的。我也親眼目睹動物被傷害我的同樣那些人虐待，有時候甚至失去生命。當那些經驗的記憶被揭開時，我痛苦、憤怒、羞恥地蠕動著。但在經歷了幾年深度的內在療癒旅程之後，我開始領悟到，我的靈魂精心安排了這一切，為的是平衡我的業力，學習許多有價值的功課。這為我帶來了許許多多的平靜。了解我的靈魂抉擇背後的更大布局和目的，減輕了老舊的受害者模式。

我早期的經歷，使我終生對待他人有同理心、接納、慈悲之感。我體驗到這點，因為我的施虐者完全沒有讓我看見那些品質。虐待可以被鏡映、被複製，或用來推動你快速前進，因為讓你看見你絕不想如何對待另外一個生命。它可能會賦予你渴望做出與施虐者截然相反的事，於是培養同理心且內心嚮往以慈愛的善意對待他人。前兩個選項——鏡映和複製，不太可能帶來你所偏愛的長期結果，但是在你解除你被塑造和讓你看見的內容之際，務必善待自己。

總是有更多時間，讓每一門靈魂功課可以點燃你內在的全新覺知層次。每一個存有都預先安排了他們的人生經驗，為的是幫助他們感受如何通向比較有意識的情緒。有無窮無盡的選項和方法，可以抵達以及整合你的靈魂渴求的結果。

令人驚訝的是，即使受虐，許多動物卻繼續感覺和表達慈悲。好消息是，大部分受虐過的動物，在慈愛的環境中會迅速痊癒。動物天生本能地，有時候如實地，甩脫受虐經驗，因此，牠們不會繼續重溫過去的受虐經驗。某些動物被負面經驗困擾的時間，比其他動物久，但那可能也是出於選擇。在這類情況下，或許牠們與某人簽定了契約，要同時治癒牠們所鏡映的情感創傷，不然就是這份協議，是要允許當事人藉由照顧受驚嚇的動物學習耐心，從而使他的靈魂成長。

有時候，動物受虐的故事被一遍又一遍地分享。因為之前與受虐動物合作過，我的感應是，牠們會比較喜歡牠們生命中的人們聚焦在當下時刻。分享動物的受虐故事，將會瞬間拉低室內的振動。牠們是活在當下的大師，你寧可聚焦在牠們生命中正向的全新篇章。牠們感謝你的幫忙，而且準備好要向前邁進。

以下是動物的靈魂計畫，可能包括體驗身體受虐的幾個原因：

- 牠們企圖提高自己的慈悲、愛或同理心的層次（或許感受這些品質的對立面），藉此平衡自己前世的業力體驗。
- 動物可能會心甘情願地選擇投生，高度希望透過始終如一地對牠們的施虐者，表達愛和慈悲，那人將會有所突破，感受到同理心和痛悔。或許很有可能，這隻動物第一次幫助那個人開始了解和感受到愛的曙光。這些動物有時候是很老的靈魂，牠們在非常高的層次服務，以此將光帶進人心最黑暗的地方。

- 有時候，動物靈魂心甘情願地選擇投生進入動物的身體，以便透過牠們的行動，倡導動物權利或制定保護環境的法律。牠們可能會選擇成為捲入漏油事件或競技場、或可能沒有善待動物的動物園裡的動物，所有這些全都是希望這樣的虐待，可以激勵人們採取行動，反過來幫助無數其他的動物。
- 某隻動物可能會選擇忍受某人的虐待或囚禁，因為牠們要為更多的人們服務。或許情況是，大眾可以更加了解牠們的物種，以及為觀賞牠們表演的人們帶來歡樂。

為了進化牠們的靈魂，動物可能會選擇無窮無盡地為人類和其他動物提供服務的體驗。在任何動物遭受身體虐待之後，我設法想像牠們受到歡迎，回歸聖靈，獲頒動物界的諾貝爾和平獎。

你可以給予牠們的另外一份禮物是，好好利用你在情緒上被觸發要釋放心中情緒的那一刻。當你看見或聽到動物受虐，而且突然間感覺到悲慟、憤怒、恐懼、情緒痛苦之類的情緒，始終要好好利用這個機會，以健康的方式釋放這些情緒。這樣的釋放將會幫助你感覺好些，而且幫助你減輕負擔，這隻動物也能夠增加自己積累的善業。

動物指望人們代表牠們採取行動，才能為一切眾生創造更友善的世界。

勇氣

完成某件令自己害怕的事的能力。舉例來說：「她鼓起勇氣面對嚴峻的考驗。」

非正式的說法：面對痛苦或悲慟的力量。

你的動物也在進化的旅程上。要尊重牠們的勇氣，以及牠們如何為了服務人類而出現。

要知道牠們選擇了擁有勇敢的靈魂體驗，進化和平衡牠們的業力。當你聽說某個虐待動物的情境時，要觸及更高的目的。要療癒你內在被觸發的任何東西。然後採取正向的行動，盡你所能提供幫助。有時候這意謂著祈禱、捐贈、療癒、打電話給議員、撰寫贈款，或招募額外的幫助，來改變法律或情境。要向那隻動物致敬，牠為了靈魂成長而選擇了比較艱難而勇敢的道路。

選擇投生在我們的美麗星球上的所有人們和動物，生來內在就有足夠的勇氣，可以在尊重他人的情況下幫助他人。克服心中想要幫助另外一個生命的恐懼，對你們雙方都有不可估量的幫助。

我希望並祈求，動物和人類都不會遭受任何一種虐待的時代。在那之前，我們必須盡己所能，使這個世界成為對所有居民來說都比較友善的地方。開始的最佳方法之一是，擁抱內在的療癒旅程並治癒你過去的創傷。然後你一定會更開朗、更輕盈，更能夠改善他人的生活。

❖ ❖ ❖

我與菩提和魯米的靈魂史

在我心愛的老貓麥泰和桑丹絲在幾個月內相繼去世之後，我向最親密的朋友和家人宣稱，暫時不會再收養動物了。麥泰和桑丹絲倆都有一或兩年處在安寧照護的情境中，因此我需要時間悲慟和療傷。隨著《與自己的動物同伴一起進行靈魂療癒》的發行，我的日程上有大量的巡迴簽書旅行。儘管這是我三十五年來第一次沒有動物同伴，但我打定主意，這不是將新養的毛小孩帶進屋子裡的好時機。大家都明白了。這有道理。我會休息一下，也許休息很久。

是啊……當然。反正那是我的三維計畫。

靜心冥想時，那些圖像開始來到我面前。畫面總是一樣：六隻灰色小貓一起玩耍。此外，我每天多次看見數字222。我每週與幾家不殺生動物收容所聯繫，因為捐贈療程給他們，作為我的一部分服務工作。因此我接觸到許多正在尋求收養的動物。不知何故，我發現兩個救援組織各有一窩六隻灰色小貓。

在我的工作坊以及與個案交流期間，我經常分享遵照一個人的指引的重要性。這包括上帝的使眼色和輕推，不管怎樣，這些可能會來到你家門口。即使我明顯抗拒，卻也覺知到向前邁進的相關性和重要性，要確定這兩窩小貓中是否有兩隻小貓，最好是有連繫的一對小貓，注定要陪伴我。假使事情沒有水到渠成，我會知道時間還沒到。

當我走進「好喵動物基金會」（Good Mews Animal Foundation）的小貓房間時，我的心怦怦狂跳。在這次重要的會面和問候期間，我邀請了心愛的麥泰和桑丹絲的靈魂指引我。

收養動物時，我會請求對方提供明顯的信號，於是很清楚，牠們是適合我的動物。十八年前第一次見到桑丹絲的時候，我猶豫不決，儘管牠是那一窩裡唯一一隻多次掛在我腿上的小貓。所以我離開貓咪房，想要摒除雜念，要求清明。

回來後，桑丹絲在我的包裡睡著了。

造訪好喵動物基金會那天早上，我決定我會坐在小貓可以自由漫遊的貓房中央的地板上，單純地等待，看看我是否被有連繫的一對貓咪選中。

至少有十幾隻小貓在房內跑來跑去，牠們的顏色、毛長、年齡各不相同。我剛坐下，一隻灰色小貓走過來，坐在我腿上。牠不斷地看著牠的某位兄弟，偶爾會離開去追牠兄弟，跟牠玩，但總是回到我腿上。隔了一會兒，牠的兄弟決定加入我們。然後我們三位度過了一段美好時光，結識了。

沒有其他小貓表現出任何興趣。我已經決定要向前邁進，收養這兩隻小貓，這時，基金會的一位志工分享說，他們知道兩隻貓咪的出生日期，對救援團體來說，這個數字很罕見，是二月二十二日……那不就是……222。

隔週，我的新老師兼同伴菩提和魯米搬進我家跟我同住，然後事情變得非常有趣。

以下是牠們的靈魂故事。

魯米的驚人驚喜

經過一個月左右的調整期，小貓們的性格開始顯露出來。雖然所有動物都有其物種特有的性格特徵，但如你所知，每一隻動物都有其獨一無二的性格，帶著某些特質和習性。

魯米有一種可愛、風趣、衝浪哥的性格，脾氣隨和。牠熱愛生命，體現喜悅。牠欣賞每一件玩具，也跟每一件玩具玩耍，超級迷戀毛髮，愛玩水，還是衛生紙鑑賞家，也是百葉窗響尾蛇。

魯米無畏地跑向吸塵器和吹風機的聲音，想跟它們玩。當牠強烈渴求一對一的「媽咪時間」時，就會一再親熱地跳到我腿上，興奮到摔下去，然後瞬間又往上跳回來。我說這是有這隻可愛靛藍小貓陪伴的「蠕蟲時間」。魯米絕不會申請強勢貓（alpha cat）演出，因為責任太重，而且不怎麼好玩。

當我們緊閉眼睛時，牠會收到我經由心靈感應發送給牠的請求，且立即做出回應。牠很敏感，可以成為吸收我的情緒的海綿。身體方面，魯米有許多食物過敏，這些始終如一地出現在牠的結腸中。

當我替魯米進行第一次能量療程時，我們的旅程發生了意想不到的轉變。我們的心與心一連結，牠運用「心的融合」的靈魂問候，便令我大感驚訝。在驚人而欣快的五分鐘裡，在一個可以想像最高振動的金白光球體內，我們的靈魂在心的層次融合了。金白光整個圈住我們，而且過程中，隨著我們分享無條件的愛和感恩，我立即認出了牠的靈魂。我的臉上流下喜悅的淚水。我記得我低沉地大聲說出：「是你」，因為我們以前共同生活的記憶和對彼此的愛，湧入我的覺知。

我看見了魯米跟我在一起的最近一世，大約在十二年前，牠是一隻穀倉貓，我給牠取名叫小花。

小花

發現有一隻貓住在我租用的房子後方的穀倉閣樓裡，並不令人意外。我們這些動物愛好人士是流浪動物的磁鐵。此後不久，我注意到有兩隻小貓跟在常駐穀倉的貓咪瑪蒂爾妲身後跑來跑去。時機適當時，我便帶了貓媽媽和小貓們去結紮。牠們三個總是有許多食物，甚至有舒適的床。小花是我知道牠的性別之前取的名字，也是三隻貓中唯一渴望與我連結的貓咪。在戶外，牠跟著我到處走，而且我們是好搭擋。牠滑稽可笑，總是樂於玩耍和持續被愛。

我一直有強烈的感應，覺得小花和我彼此認識。牠使我想起我的第一隻貓咪卡魯娃。卡魯娃是我今生最偉大的動物老師之一。牠是我的第一個無條件的愛。牠是我在另一邊看見且與之互動的第一個靈。卡魯娃是可愛的三色貓，在我母親去世幾週後，她死於結腸癌。我把我的第一本書獻給牠，因為牠的教導為我的人生帶來了前所未有的正向轉化。

小花兩歲的時候，我買了房子，準備搬家。我不想離開牠，很拉扯。我的室內貓桑丹絲和麥泰強烈反對牠。在我離開後，一位好鄰居將會繼續餵養穀倉裡的貓咪家庭。我試圖從小花那裡了解一下牠希望我做什麼。過去我總是從牠那裡接收到明確的訊息，但這個情境感覺像是一道難題。

在我搬家前幾週，某天下午，一位鄰居過來告訴我，一小時前，小花從我們的住宅之間泥土路兩旁的高大灌木叢中衝了出來，就在他兒子的車子前方。牠死於撞擊，沒有受苦。我傷心欲絕，知道那個時機絕非巧合。

魯米

在我們的心與靈魂記憶融合期間，魯米分享說，牠想要體驗作為小花，成為我的戶外同伴。牠對那一生很滿意，而且故意選擇了快點兒離開。

透過我與魯米的心的連結得知，牠跟小花和卡魯娃是同一個靈魂，這實在令人驚訝。卡魯娃作為我的室內貓活了十二年。突然間，我想起了牠，宛如昨日，而且知道卡魯娃和魯米的靈魂是同一個。卡魯娃有著跟魯米相同的衝浪哥性格和完全相同的特質——甚至是結腸問題。而且這三隻貓的眼神完全一樣，我才認出牠們屬於同一個靈魂。

雖然自從覺醒以來，我一直相信我們的動物與我們一起轉世，但親身體驗到這點確實精彩。我希望進一步擁抱魯米順其自然的心態，以及牠篤信每一刻都是要好好享受的禮物。

我發現自己想知道，魯米為我儲存了哪些額外的生命教導，以及隨著我對我們的靈魂史的全新覺知，這次我們的生活又會如何展開。它一定會不一樣，因為我不一樣了。魯米比卡魯娃更自信、更獨立，這反映出自從我們上次同住以來，我身上的改變。這是另一份驗證，證實當我們療癒自己的內在創傷且開始為他人服務時，我們疼愛的所有生命也會因此受益。

與自己的人性和平相處——菩提的贈禮

菩提的故事比較難寫。我們的關係完美地代表了本章的意圖：了解我們與動物的靈魂夥伴關係，以及每一個結盟內的更高目的。因此，隨著見證到每一個人如何透過我們的經驗成長，我會潛心鑽研我內在保有的勇氣，分享我的人性的脆弱面。

黃樟

二〇一二年秋天，一隻野貓媽媽和牠的一窩小貓出現在我家後院。寒冷的夜晚很快就要到來，因為冬天即將來臨。我決定幫助這個家庭，希望替牠們找到有愛心的家。我徵求了參與救援組織的兩位朋友的幫忙和建議，他們倆在拯救野貓方面經驗豐富。不久，我在一個房間內養了四隻小貓，牠們全都大約八到十週大。

黃樟甜美而大膽，而且知道牠想要什麼（通常是爬上我身上，「聲稱」我是牠的）。比起其他貓咪，牠有更多的恐懼，然而一旦牠信任我，牠便全心投入。牠性格強勢，用餐時會對其他小貓發出嘶嘶聲和咆哮，擔心自己可能會吃不飽，而且保有真正的獵人心態，一旦「虜獲」玩具，就會保護玩具。

等小貓們從一次上呼吸道感染中痊癒，且可以健康而舒服地與人相處，我開始為牠們尋找家園。發揮了我的社交網絡技能卻無所斬獲，我開始採用從朋友的動物收容所組織收到的申請。我聽從了救援夥伴的建議，決定每隻小貓標價七十五美元，避免被有惡意的人們盯上（因為與救援組織合作，經常聽說免費送出去的動物可能會發生的難以想像的事）。

一位漂亮的女子打電話說要收養黃樟，而且想要見見牠。申請資料看起來相當不錯，而且她們互動良好。我很激動。她付了錢，於是我把黃樟放進貓提籠，我們道別了。

那天晚上稍晚，我開始對那名女子感到不安，想知道我針對她所做的資料查核是否夠多。當你花費那麼多時間養育和照顧這些毛小孩時，你會愛上牠們，想要永遠保護牠們。那一整夜，我在腦海中重複播放每一段對話。我不確定我的擔憂背後是否只是毫無根據的恐懼或直覺。我決定早上打電話給她，看看黃樟怎麼了。

那個電話號碼根本打不通。我上谷歌搜尋那名女子的姓名，線上找不到任何資料，更甭提我見過的那名女子的照片了。我開始恐慌，想當然爾地以為情況很糟。我最終決定開車到填在申請表上的地址，儘管我並不確定，到達那裡的時候，我要做什麼。結果根本沒有那個地址。我沒有辦法找到這名女子，也找不回黃樟。

我手足無措，既挫敗又十分苦惱。我度過了許多許多個不眠之夜，想著黃樟可能一直忍受著或目前正在忍受著。我滿腦子都是這件事，而且將憤怒轉向內在。我定期造訪的能量療癒師柔聲指出，我對我想像中黃樟正在經歷的事感同身受，建議我為了自己的安康，放掉這件事。在正向的時刻，我會傳送愛給牠的靈魂，而且看見牠被光圈住。這個練習對我很有助益，我也希望對黃樟有裨益。

謝天謝地，其他三隻小貓被非常有愛心的家庭收養了。收養後頭一年，我收到牠們的最新消息和照片，那溫暖了我的心。但我無法忘卻黃樟以及我對讓牠離開的痛悔自責。對於那整件事以及牠可能會經歷的情境，我一直感覺很不好。

多年來，我很少想這事了，而且當思緒開始縈繞著可能發生在牠身上的事情時，我會刻意嘗試轉移我的思緒。不管怎樣，我始終無法原諒自己。

菩提

毫無疑問，與魯米相較，菩提通常害怕人們，也對生命充滿恐懼。我的獸醫診斷牠患有（八成是）小貓皰疹，表現在菩提身上是打噴嚏和流眼淚的症狀。那是壓力反應。

不過這並沒有使牠放慢腳步，因為牠過去是閃電般的快速，現在還是一樣，而且看得出具有一定的運動能力。看著牠從地板上跳到冰箱頂部或追逐玩具的輕鬆和優雅，真是太美了。我給牠起了個綽號，叫「獵豹人」。牠像獵人一樣難以置信地精準。雖然牠很自在地展現獨立特性，但卻非常忠誠和善良。很容易看見牠的光以及牠渴望療癒、信任、更親密地去愛。

小貓兄弟搬進來跟我同住之後不久，我注意到菩提對牠兄弟有護食的舉動，以及牠會為了保護自己最愛的玩具而發出嘶嘶聲。牠是強勢貓。我開始進行療程，希望幫助牠釋放恐懼以及療癒牠的身體，因為當時沒有其他方法可以消除牠的身體症狀。與菩提的前幾次療程非常嚴肅緊張。較低階的振動和奠基於恐懼的靈魂記憶，以及從那些經驗中生出的情緒，源源不絕地釋放出來。它們來自於幾個前世，當時，牠身邊的人類和其他動物既沒有同理心又虐待謾罵。

在牠的第一次療程期間，根據牠讓我看見的最近一個前世的畫面，我知道，除了牠們具有相同的性格外，菩提與黃樟是同一個靈魂。知道我現

菩提與魯米

在有機會幫助這個美麗的靈魂療癒牠的過去，我感到從未有過的快樂與如釋重負。我想當然爾地認為，我的高我請求牠回到我身邊，才能清除我的業力和做出修正，讓我可以最終原諒自己當年讓黃樟離開。

隨著我做出承諾要協助療癒牠的情感創傷，我內心的釋放很明顯。我其實雙膝跪下，開始為這次美妙的機會釋放感恩的淚水，驚訝於我們的靈魂如何為了我們彼此的利益而重新連結。

菩提對療程的反應非常好，牠的身體症狀完全消失了。牠實在是惹人疼啊，而且因為更加了解牠的性格，我領悟到，我們非常相似。我們共享一股內在的力量，以及一份對人類的謹慎。我們過去遭受的虐待也有相似之處，儘管如此，我們還是向前邁進，勇敢地聚焦在我們的目標。

菩提經過最初幾次療程以來，我只聽到牠對魯米發出過幾次嘶嘶聲。當我的層次提升時，牠會逐漸知道，而且總會有足夠的事物來滿足我們的需求。

我多麼幸運啊，眼前有一面鏡子，可以用來量測我個人的進步情況。當我看著菩提的眼睛時，我看見一個美麗的靈魂，強大到無法估量。牠會沒事的。真的，牠很好。牠很讚，而我很幸運，可以在人生中擁有牠的教導。

有趣的是，就在上週，我與朋友東尼分享菩提的故事。當時東尼問我，我的書的進展如何。由於知道東尼在業力和輪迴方面的佛教信仰，我決定告訴他，黃樟成為菩提再次回來的故事，以及我多麼幸運，有機會清除我與牠的業力。

東尼碰了一下我的手，微微莞爾，說道：「你真的以為業力那樣運作嗎？」他溫和地繼續說道：「你當時是在設法幫助那隻小貓，把牠帶進家裡，試圖幫牠找個家。你並沒有以任何方式故意傷害牠。你其實透過你的行為創造了善業。」

我唯一能做的是坐在那裡看著他，因為我聽見了他的話語中的真理和簡單。那些話直擊我的心，使我的心出現另一種亟需的平靜和治癒及洞見。聖靈透過他用我需要聽見的話語轉換我的思維。

在類似的情境中，我很容易在我的個案之一身上，看見同樣層次的真理和智慧。顯然，我也可以有人性。關於我曾經允許黃樟被事實證明別有用心的某人收養這個事實，終於來到了該要對自己慈悲和善待自己的時候。這整個情境有一個更高的靈魂目的，它剛剛開始向我揭露。

菩提和魯米已經使我變得更好，現在，我可以分享牠們的教導，幫助其他人知道，故事始終不僅止於眼中所見。我想，或許，這本書也是牠們的一部分靈魂目的。而且最好的是，我與有榮焉，可以歡喜地與兩位慈愛善良的兄弟，分享這趟有意識的旅程，這將繼續讓我看見更多的自己，以及如何好好享受處在這個當下此刻。

神聖的洞見

你與你的動物的靈魂史，創造了一份精心調整且使你今天與牠們一起活出的計畫。你們雙方都渴求平衡你們的業力、療癒、成長、歡喜地一同進化。你們共享的每一趟經驗，都有一個更高的目的。觸及那些贈禮和更高的視角，將會幫助你更快速地感覺比較好——尤其是與你的動物同伴一起經歷艱難困境時。

要增強你對業力和輪迴的覺知，讓它成為催化劑，幫助你在你們所有的互動中，尤其是與你自己的互動中，從慈悲和善意之中做出有意識的決定。要盡最大的努力，以健康的方式釋放奠基於恐懼的情緒，而不是將恐懼釋放到其他生命身上或藉此痛打自己。在擁有「人性時刻」的過程中，你所能做到的最好事情是，摒除雜念，將氣息吹進你的心，融入你的靈性連結，找到對自己的慈悲，同時盡可能地整合得自經驗的那些贈禮。

在你的靈魂旅行的宏偉計畫中，這一生既珍貴又重要。假使你的靈魂在這一回合，曾經積極地選擇了平衡許多過去的經驗，換言之，體會到許多艱難的經驗，你可能會想要與執業人士合作，投入一趟深度的內在療癒旅程。強烈建議你至少主動出擊，照料你與某股高能的靈性連結。此外，要刻意修煉你的「內在觀察者肌肉」，讓你可以更輕易地從較高的視角看待情境。

要找到安慰，知道你和你的寵物將會劫後餘生，而且你們的心必會永遠相連。

要給予自己滿滿的感恩和慈悲，因為你那麼英勇和勇敢，可以選擇在今生與你的動物一起完成療癒的工作。要知道，當你開始像牠們那麼愛你一樣愛自己的時候，人人都會受益。愛是自由解放啊！

你是強大的創造者，創造了你所體驗到的一切，包括你出生前規劃好的挑戰，以及你在這個時刻和每一個「當下」時刻中創造的療癒。

——羅伯特・舒華茲（Robert Schwartz）

第4章

靈魂契約類型

更高的視角

自從覺醒且擁抱我的全新人生道路以來，我一直對靈魂的進化旅程的更高目的，感到好奇和著迷。在日常體驗中，尤其是那些引發奠基於恐懼的反應的體驗，諸如憤怒、羞恥、挫敗、評斷、妒嫉或不安全感，我感到有必要且有動力觸及更高的視角。當我們領悟到，生命中的每一次體驗，始終是為了我們的至善而展開時，我們對未來就比較沒有壓力感。

在每一次經驗內尋求贈禮和更高的視角，能夠在身處艱難時期緩和並撫慰我們。當你後退一步，從某個超然的視角觀察情境時，它會擴散奠基於恐懼的思想，照亮你內在被觸發的部分。於是你更容易從一個腳踏實地且比較有覺知的地方做出反應，而不是透過尚未治癒的情感創傷的透鏡。觸發因子只不過表示，現在是暫停、反思、向內審視的完美時機，可以斷定你的反應的根本原因是什麼，那個原因已經出現了，讓你可以看得更清楚。

你可以將這套同樣的法則，應用到你的動物同伴身上，在牠們的行為、舉止、身體問題中，觸及更高的目的。然後你可以更輕易地詮釋你的寵物的經驗，以及你對牠們的情緒回應。把這想成撒一些星塵在這個情境上，於是看吧！你突然間看見一種不同的溝通形式來自你的動物，那是一開始你甚至沒有注意到的。

我記得，一位朋友帶著一定能夠看見企鵝的預期旅遊到南極洲。她和船上其他百來位乘客終於抵達了目的地。船長興奮地揮舞一隻手臂宣稱：「牠們在那裡欸！」乘客們看了又看，但是沒有看見任何企鵝。然後突然間，他們的雙眼以不同的方式聚焦，成千上萬隻企鵝直接出現在眼前！

這是絕佳的實例，說明當你改變焦點，從某個新的層次感知情境、人、動物或體驗時，會發生什麼事。由於刻意地轉移焦點，你覺知到某個新的視角。

有時候，唯一需要的是，可以改變你的觀點的全新制高點。

當你願意透過尋求更高的視角改變你的思想時，成長就會發生，然後允許意識中的轉化蛻變展開。

我的一部分任務，是為人們該如何選擇與自己的寵物互動，提供一個全新的視角。當動物愛好人士體認到，且融入他們與動物的靈魂協議的更高目的時，以及他們相聚的原因時，這份關係便具有新的意義。

定義靈魂契約

靈魂契約是兩個存有之間的協議，為的是擴展他們在今生的成長。在你們的動物投生來陪伴你們之前，你們的高我商定了你們共同療癒和發展所需要的功課和成長。為了便於理解這份資料，我交替使用「協議」和「契約」兩個詞。

透過我過去二十年來的工作，我已經辨認出且記錄了七種靈魂協議。基於彼此的共同成長，動物和人類確實使用七種不同的概念方法，投入刻意的靈魂溝通。每一個層級內都有截然不同的方法，使你們幫助彼此活出你們預先規劃好的協議。

可以與曾經以任何大大小小的方法，觸碰過你的動物達成協議。這可能包括與你一起生活的動物，但也包括在你的生命中短暫出現過的動物，此外還有自然界中的動物。

靈魂契約的類型各式各樣，而且對你的成長和動物的成長都很重要。由於在身體中是伴隨挑戰的，因此預先安排好的契約可能會波動和改變，因為意想不到的體驗，有可能阻礙最初的靈魂計畫。挑戰的創建，是為了學習必要的特定功課，激發你和你的動物，渴望感受到的正向情緒的豐富和深度。

一切眾生都有自由意志，而且眾所周知，生命會帶來一些曲球。雖然靈魂計畫偏離軌道的情況很少見，但是如果你的經驗，導致你內在靈魂的人工智慧助理軟體，重新計算路線，那麼你的靈魂進程就有可能顯化出類似乃至改進版的結果。你的光之團隊和動物同伴，便以這樣的方式校正對齊，幫助你不斷走在你所設計的道路上。這需要那種同步性，經由你的思想溫和地輕推，以及啟發人心的想法和行動。

有無限量的時間可以進化和學習。每一個生命都嚮往，更頻繁地感受到更多的平和、喜悅、無條件的愛，而且每一個生命的道路和時機都是獨一無二的。動物和人類，將會本能地為他們的地球功課，設定正確而完美的節奏和時間。

你在情感上越接近你的動物，牠們就越投入你的靈魂的成長。而且反而你們雙方都會同意——為了你們的共同成長履行契約。如果你是內向或有同理心的人，你的靈魂比較有可能轉向與動物合作，以此促進你個人的轉化。

閱讀下述契約類型之際，請注意你可以與當前或過去的動物同伴，一起涉及哪些協議。在你們的每一樁動物合作案當中，通常有許多類型的協議在操作。每一份協議的核心，都是植根於對另一個生命的無條件的愛，而且由關係中的雙方事先達成協議。當屋子裡有許多人們與這隻動物有關係時，每一對都有自己個人化的協議。這就是為什麼兩個人會描述或看見同一隻動物的不同特徵，而且對牠們的行為做出不同的回應。

這些契約旨在協助動物和與牠們有關的人類，在感受更多愛和更少苦難的道路上，療癒以及豐富他們的靈魂發展。

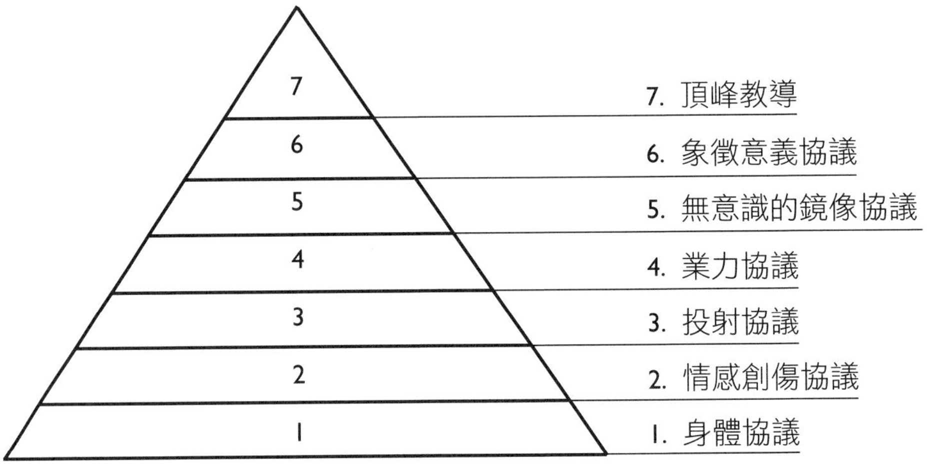

動物與人類的靈魂契約類型

第一層：身體協議

你是否養過「碰巧」跟你有相同的身體問題的動物同伴呢？臀部有問題？糖尿病？過敏？這比你想像的更常見。大約二、三十歲的時候，我的動物們經常顯化出與我完全相同的身體問題。在我開始內在療癒旅程之前，我有許多身體疾病，而且我養的貓咪總是生病——與「我的」東西有關。當我的貓咪娃希在我診斷出有哮喘毛病一個月之後罹患哮喘時，我非常震驚。這絕非巧合啊！

動物可以且將會鏡映或攜帶主人的身體問題，或是既鏡映又攜帶主人的身體問題。通常，這植根於能量轉移，源自於深厚的愛，以及渴求帶走主人的痛苦，為對方服務。不過，動物的靈魂也有前世和現世的生活經驗，由於「同類相吸」的力道不可否認，牠們會顯化出與主人類似的問題。同類的生命彼此相吸，於是這個層次的協議，經常在連繫非常緊密的動物與人類搭檔中展現。

在這個物質層面，另外一個稍微不同的協議是，事實上，動物可能會吸收人體內某一區域的能量，那裡有多餘的能量／情緒壅塞，但還沒有在人體上顯現成疾病。經常在動物療程期間，我會偵測到牠們身體的特定區域有能量壅塞，而主人事後分享說，寵物的那個身體部位沒有問題，但是他們本身在那方面確實有問題。

我們來看看一個例子。如果某人有抑制表達自己的傾向，他們可能會在能量上潛抑了喉嚨和下巴的情緒。他們的動物同伴可能會透過對心愛主人的神聖服務，慈愛地同意吸收和攜帶那股能量。如果主人持續努力表達自己且發自內心說話，那麼動物為主人攜帶的能量，可能會顯化成身體的疾病。繼續以此為例，這隻動物可能會出現氣管、牙齒或食道方面的問題。

在靈魂層次，你的寵物刻意且慈愛地同意吸收你的身體的能量。牠們的行為同時作為一面動機因素的鏡子，讓主人可以療癒自己過去的情感創傷。關於牠們代替你攜帶的任何東西，動物絕不希望你對此感到內疚。牠們有愛心地簽署了這份協議。不過牠們仍然覺知到，在靈魂層次，牠們的主人也希望自己可以找到映照的更高目的，是為了在正確而完美的時機誘發療癒。

當某人領悟到，寵物的身體疾病專門是為他們精心安排的訊息時，那是事件的美麗展開。而且我親眼見證過動物的神奇治癒魔法，有時候就出現在主人開始努力療癒，導致如此身體顯化的情感創傷之後不久。

當你經歷著特別艱難的時期時，你的動物可能會對你的能量和情緒，展現出更多的身體反應。驚人的是，牠們正在設法幫助你釋放某些情緒。在你經歷著充滿挑戰和壓力重重的時候，落實優質的自我照護，是幫助你和你的動物的最佳方法。牠們非常有可能吸收且向你鏡映你正在潛抑的東西，而不是吸收和向你鏡映——你以健康的方式（例如哭泣、鍛鍊、靜心冥想）優美地釋放的東西。

不同品種的動物，往往有比較可以預測的身體問題，但那些經驗也是預先選擇的。當你們同意一起致力於這些事情時，你們的高我便以神奇的方式排列好一切人事物。有了這個層次的協議，你的身體的虛弱部位，很可能也是寵物虛弱的部位。人類也可能吸收動物的能量，因此顯化成身體的問題。不過，這種情況並不像動物攜帶主人的身體問題那麼常見。

幫助你的動物感覺更好的關鍵之一是：增強你的自愛。當你給予自己你所需要和應得的愛和關懷時，這會大大地增加你和你的寵物雙方的內心和靈魂的振動。當我因為刻意聚焦在運用能量療程療癒我的情感創傷時，我的許多身體疾病全都開始如魔法般地消失，我的寵物們也突然間變得比較健康。

第二層：情感創傷協議

在幾乎每一段動物與人類的關係中，這類靈魂協議都很活躍。當這點被實現且被完全理解時，這些靈魂契約，便在動物和人類之中，啟動了改變生命、產生正向差異的潛力。在這些協議中，真相的鏡映是不可否認的。

正如我在我的第一本著作《與自己的動物同伴一起進行靈魂療癒》之中所記錄的，在與動物合作的早期，我很驚訝地發現，動物具有與其主人生命中相同的能量創傷保護模式。人類和動物無意識地創造了種種扎實的能量保護模式，為的是隱藏尚未癒合的情感創傷，直到心靈成長和療癒了，足以釋放創傷。在身體症狀可以永久癒合之前，在身體內立足壯大的情感創傷需要被清除掉。最初的情感創傷往往可以追溯到童年早期、子宮時期、八成還包括某個前世，但是心靈巧妙地潛抑創傷，保護當事人或動物，直到他們建立了內在的情感成熟度，可以忍受最初情感痛苦的釋放。

五大核心情感創傷是：被遺棄、遭背叛、恐怖、被侵犯、脫離核心自我。幾乎你的動物的每一種負面行為，都源自於牠們自身內在或你內在未被治癒的情感創傷。因此，你的動物可能會表現出例如攻擊、過度保護主人或房屋或院子、不斷舔舐、暴飲暴食、不斷狂吠，或不當排泄之類的行為。

人和動物將會鏡映同樣的情感創傷以及能量保護模式。在這個層級的契約之內，有一個達成協議的團隊，努力透過他們的強力映照共同治癒這些創傷。當人們開始主動地治癒他們的情感創傷時，鏡映他們的情感創傷的動物，也會同樣受益，允許牠們隨著主人身上的能量轉移自動地癒合。

如果動物愛好人士沒有覺知到這個協議動態，通常他們的焦點只在於幫助動物治癒牠們的身體和行為問題。當一個人領悟到，他們的寵物正在鏡映他們尚未治癒的情感創傷時，這可以為他們共同創傷的中心帶來許多的光。許多時候，我曾經見識到人們主動地開始一段深度的內在療癒旅程，結果卻發現他們的動物振動也提高了，這鏡映出主人的全新健康層級。然後動物將會展現較少的身體問題和負面行為。

由於有無意識的抗拒、內疚（根深柢固的無私）或恐懼，某些人們可能難以給予自己亟需的自我照護。擁有提供優質內在養育所需要的技能，是每一個人必須創造的肌肉，才能有效地治癒他們的情感創傷。踏上內在的療癒旅程，實際上是一種自愛，而且也會幫助動物。與你的動物一起療癒，是情感創傷協議的最終目標。

❖ ❖ ❖

瑪麗與莫莉

好幾個月以來，瑪麗讀遍了數百篇petfinder.com的狗兒簡介，為她的另外一隻狗溫斯頓搜尋適合且完美的狗伴，但都徒勞無功。在她讀到莫莉的報導的那一刻，她立即愛上了，而且本能地知道莫莉就是「適合的那一位」。在進入救援組織之前，莫莉是後院飼養員的狗，曾經受虐和被忽視。牠是敏感的靈魂，不斷地表現出某些焦慮和恐懼。牠總是有點冷漠，需要自己的空間才能感到安全。有時候牠會明顯地顫抖。這些行為和特徵，指向未被治癒的被侵犯創傷，也就是五種情感創傷之一。

莫莉和溫斯頓處得很好，溫斯頓在身邊時，牠似乎比較平靜。不幸的是，四年後，溫斯頓往生了，此時莫莉開始再次表現出焦慮。瑪麗決定針對牠嘗試能量療癒，而不是讓莫莉服用獸醫建議的藥物。

幾次能量療程過後，莫莉大幅改善，感覺更加自信，但瑪麗還是可以在她的愛狗身上，偵測到一種持續、潛在程度的恐懼。瑪麗本人在前一年開始了一段深入的內在療癒旅程，也更加覺知到動物與人類療癒夥伴關係的內在動力。她會看著甜美的莫莉問道：「你在為我攜帶或反映什麼嗎？」

瑪麗體認到且理解敏感的莫莉所展現的恐懼，因為她本人出生在一個受傷的家庭，孩提時代遭受過虐待。此外，瑪麗的第一段認真的長期關係，演變成她在情感和身體上受虐。儘管她最終擺脫了虐待的循環，但她仍然潛抑了根本的恐懼。

莫莉和瑪麗有一份情感創傷契約，要治癒她們的被侵犯創傷。她們同意在瑪麗生命中的這個時候相聚，有愛地反映彼此的創傷，允許更深層次的療癒發生。

有趣的是，瑪麗最近分享說，她報名要成為她的靈性社區的牧師。從她開始牧師培訓計畫的那一刻起，當她試圖找到適合的詞句，與那些尋求安慰的人們一起使用時，心中便升起高度的恐懼。她發現這主要源自於害

莫莉

怕看起來很荒謬，根源於童年時期因為受虐而產生的恐懼。由於過度被控制、虐待、羞辱，或這些的任何組合，可能會形成被侵犯創傷。

作為牧師培訓的一部分，瑪麗必須安慰一位牧師實習生並為對方說一段祈禱文。她體驗到恐懼和焦慮加劇，擔心自己找不到適當的字詞，會顯得很愚蠢。她閉上眼睛，將注意力轉移到自己的心，做好幾下深呼吸，盡力克服心中的恐懼。然後不知從何而來，她允許聖靈透過她說話，沉浸在對她們倆來說都十分優美的體驗中。她感應到，穿越心中恐懼，從而主導這項練習，其實比外顯的樣子強大許多。她揭露了某個陳舊的童年舊傷，正在療癒某種根深柢固的被羞辱的恐懼。

那天晚上一回到家，她看著莫莉，而且有史以來第一次，瑪麗沒有在她的同伴身上偵測到任何恐懼。她驚呆了！瑪麗體認到，透過她自己有勇氣穿越心中的恐懼，她們倆都在某個新的層次被治癒了。瑪麗興高采烈，感謝莫莉為她提供的服務。她現在覺知到，她過去的創傷為她鋪路，讓她可以擁抱自己得來不易的禮物，對一切眾生表達同理心和慈悲。被侵犯帶來的眾多回饋之一，是幫助他人療癒的能力，那是瑪麗的天賦之一。

描述五個核心情感創傷——被遺棄、遭背叛、恐怖、被侵犯、脫離核心自我——以及動物擁有的相應症狀，包括各種疾病和不同的行為，與幫助動物療癒的技巧，全都在《與自己的動物同伴一起進行靈魂療癒》一書中詳細說明過。通常有二到三種情感創傷，同時出現在動物和主人身上，需要主動療癒。

第三層：投射協議

心理投射是人類和動物，下意識地用來將情緒釋放到另外一個生命身上的防禦行為。當一個人有意識或無意識地想起，以前所留下無法治癒的情感創傷經驗時，投射就會發生。「投射協議」與「情感創傷協議」密切相關。

如果動物或人在今生或前世曾經受虐、遭遇創傷或傷害，他們可能會將自己的憤怒或恐懼，投射到與過去的施虐者形象相似的人們身上。動物通常有可辨認的恐懼，那是了解牠們靈魂史的窗口。或許牠們只在兒童、男人、女人或某個物種或特定大小的動物身邊時，才感到害怕。

由於投射，記憶在心靈中被啟動了。因為記憶中的線路仍然在充電，這可能會不公正地扭曲那個生命的回應。因此，這隻動物將重新被啟動的恐懼，歧視性地投射到，與其過去的施虐者有類似的相似度或行為的人類或動物身上。這個模式將會持續，直到他們釋放了圍繞原始事件產生的能量、情感、扭曲的信念為止。

此外，人類也將自己過去的恐懼，投射到行為和相似度，複製了最初經驗的那些人們身上。對於這個協議層級的解釋和目的，我只會聚焦在從人類發生在動物身上的投射。投射經常被用在從某人到其他人身上，但那不適用於動物與人類的投射協議。

比方說，你經常覺得你的動物不好好聆聽你說話。當這種情況發生時，如果你被激怒或生氣，那麼你的同伴正在啟動一個模式，要你改變你保有的某種扭曲的信念，那是關於不被聽見，以及感覺彷彿你無關緊要。有一種無意識的扭曲信念存在：「我無所謂」，那反覆出現在心靈中，直到最初的創傷被治癒為止。就像一場噩夢，你的靈魂將會繼續創造更多的場景，就跟最初發生的事件一樣，直到某一天，你治癒了你的創傷，而且大聲說道：「夠了！」於是突然間，你收到了知曉的贈禮，明白正在發生的事情的反面才是真相。然後真真切切地了悟到：你確實很重要。

在「投射協議時刻」最激烈的時候，那隻動物成為在你的人生早期，拋棄了你和不尊重你的父母、兄弟姊妹、表親或老闆。不知不覺地，這些過去的事件激起了你的反應，於是你將極其誇張的憤怒或挫敗，投射到那隻動物身上。這是一份運轉中的「投射協議」啊！那隻動物透過演繹過去發生在你身上的事，希望你可以真正了解，你確實很重要。繼續以此為例，當你轉換內在的思維，真實地反映你知道你確實很重要的時候，你的動物將會開始比較聆聽你說話。這不是透過自以為是完成的，而是透過自愛。尊重首先發生在內在。

❖ ❖ ❖

麗貝卡與德文

麗貝卡很愛她的貓咪德文，而且她們擁有深厚的靈魂連結。德文很迷人，深受麗貝卡的家人和客人們喜愛，大家承認牠是很酷的貓。牠只有一個壞習慣令麗貝卡焦慮不安。德文霸凌麗貝卡的另外一隻貓利托，與利托

德文

交流總是咄咄逼人。每次德文折磨利托時，麗貝卡的回應是雙重的。她很氣德文，擔心利托的安康。利托對如此霸凌的反應是退縮和孤立。麗貝卡擔心，有一天，她把牠們倆留在家裡而她無法介入時，德文可能會在肢體上更加挑釁侵犯利托。

我們的情緒是禮物，而動物們是大師，善於幫助主人辨認和釋放他們內在渴望被釋放的情緒。我詢問麗貝卡，她是否曾經被霸凌，她回答說，整個童年時期，她的一位兄弟確實霸凌過她。她補充說，每當父母親只把他們倆留在家裡時，她就被迫在沒有保護的情況下，忍受這位哥哥可怕的霸凌。

麗貝卡對利托感同身受，渴望保護她心愛的同伴。此外，她也無意識地試圖保護自己被哥哥霸凌的部分。她投射到德文身上的能量，源自於她對哥哥尚未釋放的憤怒。當投射協議為你的成長而在的時候，你的生活中的動物們便心甘情願地扮演某種行為，為牠們的主人引出最大的療癒潛力。這是她們的靈魂對話的一部分。德文並不「壞」。在麗貝卡的進化靈魂戲劇中，牠反而是演員，而且她們的高我帶著最高且最好的意圖，同意了這個情境。

不當排泄的投射

從長遠來看，不當排泄，是我在實務中最常見到的動物與主人之間的投射協議。沒有什麼比你的動物同伴弄髒家具、地毯、其他家居用品，更能製造眾所周知的緊張和情緒反彈了。這是棘手的行為挑戰，可以為住在同一屋簷底下的所有生命，帶來諸多情緒，主要是憤怒。

當不當排泄透過投射協議發生，而且沒有身體方面的問題時，很可能家中一或多人有尚未釋放的憤怒，來自他們的過去或人生的另外一個面向。也許他們正在潛抑對配偶、朋友、同事或上司的憤怒。一旦這人提升自己的覺知，看見他們在什麼地方沒有表達自己，那麼他們的動物，就不再需要為了引起他們關注心中的憤怒而鏡映這些。

與我合作過的許多個案，他們的貓咪有時候會在貓砂盆外小便，他們注意到，當他們自己對人生中另外一個面向的某人生氣時，貓咪的不當行為會惡化。有時候，只是覺知到有尚未表達的憤怒，且以健康的方式讓憤怒發洩出來，而不是將憤怒指向貓咪，就是要貓咪改變其行為唯一需要做的事。然而，除了投射協議，還有其他可能性可以解釋為什麼動物會不當地小便，所以不當排泄並不總是投射主人潛抑的憤怒。

透過你的動物反投射

動物也可以偵測到主人的投射，並透過能量轉移將投射鏡映回去給主人。

幾年前，我帶領一個探討人類與動物之間鏡映的工作坊，一位學員提出了一個令我毛骨悚然的問題。他想要知道，為什麼他帶狗兒到可以自由漫步的狗公園時，他的狗只對有色人種有攻擊性。他補充說，他對狗兒的行為大感困惑，因為據他所知，他的動物同伴並沒有什麼背景可能會導致這類反應。

我建議他向內看，看看他自己的過去，是否有任何尚未治癒的創傷與有色人種有關，那是他的狗正在引起他注意的事。男人臉上的反應暗指，我的回答切中要點。他點點頭，說了聲謝謝。

工作坊結束後，他走近我，承認了我所懷疑的事，他過去確實有一個尚未癒合的創傷，導致他對有色人種心懷憤怒。他感謝我的洞見。我提醒他，他的狗值得讚賞，因為牠鏡映且指引著他邁向他需要前進的方向，讓他能夠療癒。

投射協議的能量，召來某種特定的行為，使人聚焦於尚未癒合的創傷。我們最好的兩條腿和四條腿老師（兼靈魂朋友）已經同意要惹惱我們，幫助我們療癒。人類與動物之間也有正向的投射，但這些存在於高階許多的振動中，這點會在第七層頂峰教導之中描述（見195頁）。

第四層：業力協議

❖ ❖ ❖

琪琪和威爾遜

我的朋友琪琪．葛拉芙斯（Gigi Graves）是「好友之家」（Our Pal's Place，簡稱OPP）的董事，她與我分享了一隻名叫威爾遜的狗兒的歷史，這是她們最近帶進機構的待援犬。她了解威爾遜有不少故事。如果你曾經參與過救援工作或收養過待援動物，那麼你已經知道牠們都有故事。

你可能還記得第三章〈動物的靈魂史〉談到的內容，每一段經驗都是精心安排的，為了讓動物和牠們一路上遇見的人類成長。威爾遜的業力協議故事很精彩。

據說，有一天，一名女子帶著威爾遜來到加油站，希望找到某人可以給這隻狗一個家。她告訴加油站員工，她丈夫殺死了他們家另外三隻狗，她想救出威爾遜，避免同樣的事發生在牠身上。年輕員工覺得自己別無選擇，儘管他並不知道家人要如何照顧威爾遜，但還是決定把狗帶回家。

威爾遜住在戶外後院的一間臨時狗屋裡。不久後，牠遇見了靈魂伴侶天空，於是……幾個月後，天空在車庫裡生下了十一隻小狗。其中三隻沒有活下來。這時候，這家人開始意識到一個頭三個大，他們無法妥善照顧這些狗。顯然這是天空的第二胎，而且牠才一歲。一位鄰居想幫忙，於是參與了這件事。她聯繫了幾個動物救援組織，包括「好友之家」。隨後，琪琪與好友之家的工作人員前往喬治亞州北部，將這個有十隻狗的家

威爾遜

拍攝者：肯德菈・麥克庫爾（Kendra McCool）

庭帶回機構，幫助牠們療癒並找到永遠愛牠們的家。

毫無疑問，威爾遜與許多人類有業力協議，在牠穿越多事之秋之際，那些人顯然受到驅動，要幫助牠。琪琪以她無限而有意識的救援智慧指出，第一名女子八成冒著極大的風險設法拯救威爾遜。而加油站的年輕人知道家人無法扶養牠，卻把牠帶回家。不管怎樣，他不希望看見威爾遜回到可能會丟掉性命的環境中。這隻狗甚至顯化了被重新安置到——以一流聲譽、誠信、示範如何對待帶入其系統的動物而聞名的「好友之家」。

在「好友之家」，這個狗家庭得到極好的照顧，直到牠們永遠的主人到來為止。我會焦急地等待聽見威爾遜的故事的其餘部分如何展開，以及牠還會觸及多少人的生命。有鑑於威爾遜曾被賦予如此多的善舉，牠似乎正走在通向極其偉大的事物的旅程上。彷彿牠受到神性的保護。

顯然，與起動機幫助威爾遜的每一個人——女子、年輕人、鄰居乃至琪琪——都與威爾遜有業力協議，以此平衡他們之間的能量。聽了威爾遜的故事，不難看出牠的艱辛。人們可能會選擇認為牠多次成為受害者。然而，更高的視角是，覺知到威爾遜的靈魂，主動地參與了創造和規劃牠的經驗。這有助於體認到，威爾遜並不是受害者，而是主動參與牠的生命，有著許多的靈魂協議。轉移到新的制高點讓人覺知到，牠的道路向牠揭露了許多祝福。

我在談論靈魂史的那一章中提到的，業是神性平衡器，包括你有意識和無意識的體驗，以及從你過去的抉擇中生出的感覺和信念。多數時候，業是透過預先安排好的善舉清除的，才能平衡兩個生命之間的能量。這可能需要拯救牠的生命、照顧牠，或小至因為是好鄰居，而幫忙代表動物連結雙方的行為。

業編織了一條線，貫穿我們的所有經驗。我把它想成一條活躍的能量鏈，連結每一個生命與他們的靈魂，在旅程上以美好和不那麼美好的方式，遇見和受到影響的所有生命。業力能量鏈本能地且不斷地追求均衡，就好比你的身體自動地企圖達到健康的狀態。平衡前世的業力，是在轉世投生之前，在靈魂之間規劃好的，其中包括動物的靈魂。

我的貓咪麥泰在人世間的第十八年、也就是最後一年期間，我對待牠彷彿牠在接受安寧照護。那段期間，隨著牠的身體逐漸停工，牠有幾個健康問題。我堅持實踐我所教授的內容，而且保持不受牠選擇要在人間停留多久的結果影響，同時為牠提供牠所需要和應得的溫柔關愛，直到來到牠往生的時間為止。我不怕失去牠。無論是過去和現在，我們的連繫依舊非常緊密，而且我知道我們會永遠保持連結。儘管如此，我始終覺得，我們擁有的最後大約十八個月，是意義非凡且相當重要的，當時我提供了額外的照護，照料了牠的需求。那就好像，我被一份安排好的靈魂協議帶領，且本能地接受其指引。我感應到，平衡我們的業，是我們共度那段時光的重要部分。

對所有動物心懷善意，有益於累積你的善業。多數人類有過好幾世對動物並不友善。因此，盡你所能幫助包括農場動物和自然界動物在內的所有動物，相當重要，可以平衡你的業。

你八成與自然界中的動物，簽訂了許多業力協議，才能對牠們展現善意，或許甚至代表牠們採取行動。假使你感覺得到指引，要在乾旱期間提供水，或在天氣惡劣時提供食物，請遵照你內在的推動。假使你曾在自然環境中特地幫助過某隻動物，那麼你們的邂逅，很有可能是根據平衡彼此業力的協議安排的。

動物愛好人士，全都經歷過不得不採取行動幫助動物的時候。或許是一隻爬出圍欄的狗，或是你幫忙拯救受傷的小貓或小鳥。據我所知，並沒有創造太多善業之類的事。因此，要注意你與每一個物種的動物，簽定的這些以及所有潛在的平衡業力協議。更加意識到業力如何操作，使每一個人能夠在自己當前的人生中邁出腳步，藉由大大小小的方法服務動物，平衡過去與動物的任何業力。所有動物都能感受到愛。

第五層：無意識的鏡像協議

一旦辨認出無意識的鏡像協議，這類協議其實相當迷人。它們帶著來自你的動物的訊息抵達，通常透過牠們展現的某種行為。這些訊息使你更深入地了解自己。動物們是大師，善於捕捉其主人潛抑的情緒，而且心甘情願地同意做出某種行為，希望主人會看見行為內含的訊息。

神奇的部分在於，一旦來自動物無意識鏡映的隱藏訊息，進入你的覺知，你與你的動物之間，就會立即發生正向的能量轉移，而且動物展現的行為可能會立即停止。通常，動物會設法幫助你，釋放你人生中某個你看不清楚的情境的情緒。

無意識的鏡像協議，通常更常出現在你的日常生活中，而不是牽扯到根深柢固的模式或創傷，不過所有協議都可以完美同步地共舞。

❖ ❖ ❖

帕蒂和吉斯莫

一位名叫帕蒂的工作坊學員平靜地詢問，為什麼她的貓咪吉斯莫總是在客房的睡床和枕頭上小便。透過我的提問，我發現吉斯莫很健康，沒有任何身體上的問題。牠使用貓砂盆，而且並不在屋內貓砂盆以外的其他任何地方小便——只尿在客房的床上。

帕蒂不止一次清洗和更換枕頭套和床罩，最後決定，唯一的解決辦法是關上客房房門。她跟房子的前任屋主不熟，也不知道那間客房內發生過什麼事。從她住進這棟屋子以來，除了客人，沒有人住過客房。而且對於讓客人住在屋子內或客房裡，吉斯莫從來沒有做出負面的反應。

就在我認為吉斯莫的行為原因，可以被歸入「難題」類別時，突然間靈光一閃，於是我問道：「可是，關於屋子裡有客人，你感覺如何？」帕蒂立即回應，她非常清楚地透露，她討厭家裡有客人。她詳細解釋，她一點也不喜歡有客人留在家裡過夜。

吉斯莫無意識地鏡映和表達著，當有人來訪且睡在客房的床上時，帕蒂所感覺到的挫敗和焦慮。吉斯莫拾起她的思維的能量，而且將與之相關的情緒表達出來。

在工作坊結束後的某個時間，帕蒂透露，即使知道與她心愛的貓有無意識的靈魂協議，她還是不夠信任吉斯莫，無法打開客房的門。她不想再冒險讓吉斯莫在客房床上小便，這種心態可以理解。

然而，帕蒂確實透露，幾個月前，吉斯莫開始在客房門外喵喵叫，突然間相當著迷於再次進入那間客房。由於牠的堅持，帕蒂開始每隔幾天讓牠進入客房一陣子。每次吉斯莫都會利用那段時間，在床上睡個長長的午覺。牠再也沒有在睡床或枕頭上小便了。

在靈魂層次，這些協議的創建，是為了向當事人想要療癒和釋放的東西反映給他們。在此情況下，原因在於帕蒂在客人來訪時，感覺到的挫敗和焦慮，那與她真正渴望的事物並不一致。帕蒂的靈魂希望她可以找到平靜，乃至享受有客人，否則她的高我不會運用吉斯莫創造這個情節。當她在客人的來訪中，找到更多的平靜和喜悅時，吉斯莫的討厭行為就沒有實質意義了。

當能量失衡時，它為你的動物打開一扇機會之窗，同意讓你看見有什麼要療癒以及渴望重新校正對齊。有了這些協議，一旦動物傳遞的訊息被接收到，動物的行為往往就會停止。

第六層：象徵意義協議

象徵意義（symbolism）體現人生如夢的表達。二十年前，象徵意義的世界對我來說很陌生，我很快地被它的神祕智慧所吸引，渴望了解更多。除了在自然界和動物王國中發現的象徵意義外，我還積極投入研究如何詮釋夢境，而且很快地領悟到，這項驚人的生命工具的重要性。靈界也經常以符號溝通，於是我成為熱心的學生，要發現它如何在人生的各個方面運行。

象徵意義協議，可以比作擁有個人化的靈魂反射器，它自動地回應且精美地編排你的內在世界中正在發生的事，且將它轉移到外在世界。這個現象賦予你檢查現實的才能，因為發生在你的物質世界中的每一個情況，都象徵你內在發生的事。

我親愛的朋友海倫和我，永遠在每一個情境內尋找象徵意義，因為我們體認到，它就像我們日常靈魂旅程的指南針。前幾天，海倫的網際網路斷了，有線電視公司斷定，海倫家的線路太過老舊，需要完全重新布線和升級。雖然許多人可能會將電纜斷了和重新布線詮釋成負面事件，但是藉由詮釋事件的象徵意義，我們發現，它代表了海倫（自己）的內在連結正在升級和重新布線。

與動物的象徵意義協議

動物與人類的象徵意義協議，透過你的動物同伴或大自然中的動物的舉止和行為達成。有時候，特定動物物種的特質具有象徵意義。這些有時候自然發生的協議，是你的寵物和自然界的動物可以為你提供協助的方法，它們幫助你在任何特定的時刻，取得為你「出現」的問題或情境的答案。

象徵意義也可以是指引的神性來源，表示需要更好的自我照護，而且在必要的時候，接收深層許多的象徵訊息。就跟所有協議類型一樣，動物們為了你們的共同成長，心甘情願地參與象徵意義協議。

多數時候，動物只是做著牠本該自動完成的事，而且在牠們的行為或舉止的中心，就是給你的象徵訊息。也許你一直對自己非常嚴苛，感到壓力過大，在那一刻覺得情況很糟。這時候，在後院看見幾隻鹿離我家很近，我因此情緒激動。我注意到溫柔地照料著一隻小鹿的母鹿。母鹿慈愛地打理和照料著小鹿，非常溫柔，因此小鹿更靠近母鹿，尋求支持。就是在那一刻，我領悟到，為什麼我會在那個時刻被吸引到窗前，而且發現了那隻母鹿。我需要提醒自己，我的靈魂最深處的渴望是滋養和善待自己，特別是聚焦在我的內在小孩。接收訊息正是我所做的事，而且那是產生「提升和轉變」的完美祕訣。

通常，如果在引起你注意的工作中內含象徵意義協議，你會本能地被吸引，進而感知到你的寵物正在做什麼，或自然界中的某隻動物正在做什麼。知道是否那是象徵意義協議的指標是，斷定那隻動物的行為或舉止是否異常，那反過來促使你偵測到牠的臨在。如果牠不遺餘力地吸引你注意到牠，那麼很可能有一則給你的訊息。

有一天，菩提努力不懈地企圖打開一扇裝有兒童安全鎖的廚櫃門，雖然沒有成功，但同時我思忖著，我人生中不斷地設法完成卻沒有成功的事。是巧合嗎？不可能。菩提同意代表我與我的思想互動，讓我可以看見明顯的事實：如果我持續使用相同的方法希望得到不同的結果，那麼我正在思忖的問題一定不會成功。

一旦覺知到我們生活在這個博大精深的夢境世界，以及符號們如何揭露自己，你就會開始以新的頻率振動，使你的動物和你的本性，能夠在適當的時候賦予你更多的答案。當你看見發生在你的動物身上的某事引起你的注意，或什麼事物在那一刻為你「出現」時，要注意你正在想什麼。若要理解象徵意義的訊息，那通常是第一條線索。

在下述範例中，有不只一隻動物同伴代表其「媽媽」參與一份「象徵意義協議」，讓這位媽媽可以與自己人生中關於某個主題的更大布局連結，促成其內在和外在環境的正向改變。

瑪麗．凱瑟琳和小邋遢

上週，我為一隻名叫小邋遢的可愛小狗，和牠的兩條腿媽媽瑪麗．凱瑟琳（Mary Kathleen）做了一次協力療程。小邋遢很不幸，最近遭到瑪麗．凱瑟琳剛收養且企圖讓她融入她的毛小孩家庭的另外一隻狗欺負和猛烈攻擊。最初認識新的待援犬米莉時，瑪麗．凱瑟琳立即被牠所吸引，而且她們建立了心的連結。瑪麗．凱瑟琳特別同情高度焦慮的米莉，後者因為被困在救援組織而不斷跑來跑去。瑪麗感覺到一股強烈的內在拉力，要讓米莉擺脫不適，於是收養了米莉。

身為狂熱的動物愛好人士，瑪麗．凱瑟琳希望愛可以治癒米莉的恐懼和自發的攻擊性。她覺得米莉被誤解了。最終，她給了米莉許多次機會，但是在米莉持續攻擊瑪麗．凱瑟琳的其他動物，尤其是針對小邋遢之後，瑪麗不得不傷心地做出艱難的抉擇，滿懷愛意地將米莉退還給救援組織。

在小邋遢和瑪麗．凱瑟琳的協力療癒療程即將結束時，我在靈魂聊天室裡目睹了小邋遢和瑪麗．凱瑟琳的高我。她們的高我讓我覺知到，她們為瑪麗．凱瑟琳的成長，規劃了在瑪麗的人生中具有象徵意義的這整個事件。然後我聽見了這些話：告訴她我原諒她。

小邋遢

在分享了我在靈魂聊天室中目睹的一切之後，那些話的情感真相觸及了瑪麗．凱瑟琳的痛處。她領悟到兩隻狗的行為的精確性——一隻感覺被霸凌，另一隻感覺受困和被誤解——象徵性地反映了她在職場的經歷，正確無誤。事實證明，她一直感覺被上司欺負，在工作中受困和被誤解。瑪麗．凱瑟琳還表示，她一再請求小邋遢原諒，而小邋遢贈予瑪麗．凱瑟琳的禮物正是：瑪麗．凱瑟琳需要讓自己好過些。

瑪麗．凱瑟琳的獸醫為小邋遢做了澈底的檢查，斷定牠不會有事。瑪麗．凱瑟琳感激兩隻狗的智慧和完美的時機，透過牠們的象徵意義協議，為她提供重要的訊息。

被退回或重新安置的動物

不得不退回或重新安置的動物，經常是許多動物愛好人士和營救人員的觸發因子。因為相信所有靈魂都是神性的火花，動物愛好者，希望每隻動物都能夠從過去的情感和身體創傷中痊癒，而且在比較有愛心的環境中痊癒。但那必須是讓所有相關生命均能長期適應的環境。舉例來說，如果米莉是家中唯一的動物，或許牠會有比較好的機會治癒牠的情感創傷。

在寵物被退回或重新安置的情況下，有無數可能的情節，可以成為動物的更高目的和進化計畫的一部分。假使動物有一個尚未治癒的被遺棄情感創傷，想要療癒，牠會一再被遺棄，直到那隻動物在內在轉移了，開始療癒最初的情感創傷，而且領悟到牠是可愛的。或許這隻動物將會被某人收養，而這人也有尚未治癒的被遺棄情感創傷，他們的靈魂在此達成協議，目標是一起療癒。

就跟人類一樣，有時候在幾種關係和家庭環境中擁有體驗，是這隻動物的靈魂計畫的一部分。牠們也可以基於自己的靈魂發展，選擇與許多人們和動物簽定靈魂契約。如果你已經退回某隻動物，因此心懷內疚或自我評斷，要知道你的行為可能有更高的目的和理由。

如果你有動機要退回或重新安置某隻動物，那麼那隻動物八成有一份——體驗另外一個人和家庭環境的靈魂計畫。要找到並表達對自己的慈悲和善意。在動物和人只是短暫相處的情境中，很可能他們的靈魂契約已經完成了。

第七層：頂峰教導

喜悅、耐心、自愛、恩典、接納、慈悲、無條件的愛、信任、同理心，是頂峰教導的某些禮物。接受和整合這些美德中的任何一項，等於是改變遊戲規則，從而體驗更美好的生活品質。這些頂峰層級的協議，保有可能的愛與光的最高振動。

與某隻將這些教導之一徐徐灌輸給人類的動物，建立關係的人類，將會永遠對那隻動物懷著最高的敬意。他們因那隻動物而永遠變得更好，而且這份關係，無疑地將這人轉化成永遠的動物愛好人士。當一個人類整合了這些強大的美德之一時，他們永恆地感激，且連結到為他們塑造了新的存在方式的動物。

所有頂峰教導，對動物和人類來說都是備受推崇的神聖功課。不意外的是，無條件的愛，是人類或動物所能接收到最珍貴的禮物之一，我們將在下述實例中看到這點。

❖ ❖ ❖

塔拉和當歸

多數人終其一生，都在不經意地保護自己的心不至於破碎，這可能會使他們無法真正了解最高層次的愛。然後一隻又名「對人類竊竊私語」的動物走進來，於是他們內心周圍的保護，像魔法一樣消散。這隻動物蜷縮

當歸

在牠們的內心深處，永遠轉化牠們。那正是發生在塔拉身上的事。

塔拉的朋友，發現了一隻六個月大的小貓被遺棄了，立即想到塔拉和她的家人，因為她們最近經歷了一場悲劇，意外失去了三個月大的小狗。儘管塔拉以前從來沒有跟貓咪分享過她的家，但是她的孩子們非常想要一隻動物同伴。她對朋友豎起了大拇指。

從塔拉和當歸對視的那一刻開始，很明顯，這隻美麗的虎斑小貓是為塔拉而在的，這是塔拉第一次體驗到完全無條件的愛。談到她心愛的貓咪時，塔拉整個人容光煥發。毫無疑問，她從當歸那裡獲得了有可能最高振動的禮物之一。動物愛好人士，都有辦法回憶起第一隻以其他生命無法做到的方式，巧妙地進入他們心中的動物。

當歸每每用愛澆灌她心愛的「媽媽」塔拉，她真的是塔拉的守護天使。如果塔拉有壓力，當歸的嗚嗚聲會瞬間為她帶來平靜。如果塔拉心煩意亂或情緒激動，當歸會以不同於其他生命的方法安慰她，只是待在她身邊，如實地傳送大量的愛給塔拉。塔拉從來沒有體驗過任何人或任何事物，像這樣愛她愛到骨子裡。她說，就好像當歸可以看見她的靈魂的內部。

當歸往生回歸聖靈後，塔拉傷心了好長一段時間。但是透過當歸的愛，塔拉得到了無與倫比的饋贈，知道被無條件地愛著是什麼感覺。不僅如此，當歸還塑造了塔拉現在仿效的給愛方式，自由地向他人表達她的愛。她們的愛的故事，完美地描繪了動物與人類的頂峰教導協議。

被人們轉化的動物

當人類可以透過與動物共享的互動，學到這些教導時，真的是奇蹟。另外，有許多動物從人類的愛和人類表達的善意中，學到這些教導。動物在其靈魂的一生中，無疑經歷過許多人們的虐待，因此對一切生命慈悲，可以大大幫助動物王國復原。

雖然人類和動物經常致力於療癒和整合類似的教導，但是有時候，在一個人的愛和關懷底下，動物的轉化很深刻。動物和牠們遇到的人類雙方，都在努力整合頂峰層級的成長教導——因為當這些契約和教導達成時，許多業力和情感的清理，就會優雅而輕易地消失。

光之團隊的投生

很可能你的指導靈或靈魂群組的朋友之一，會投生進入你的動物同伴的身體，目標是讓你看見頂峰教導的某些美德，加速你的靈魂的前進。在更大的格局上，動物的生命眨眼之間便逝去了，所以如果這麼做符合你的最高和最佳利益，祂們有時候會帶著愛意地自願參與這一類型的成長。在這些情況下，你會感覺到與那隻動物有一份熟悉而特殊的連結。

反映你的美德

有一種投射叫做「金光投射」（golden light projection），往往發生在浪漫關係開始時，但也可能發生在上師人物或你十分尊重的生命身上，例如動物同伴。當某人無意識地將他們的「金色陰影」品質投射到另一個人身上時，就會發生這種現象。這些陰影品質是高階振動的美德，被無意識地壓制在陰影之中。當一個人嚴厲地評斷或不喜歡自己的某一部分時，這可能會發生，或是他們可能會感覺不值得，以及陷入自我憎恨的循環中。他們相信動物或某些人是神聖的，但他們自己之內並不具備相同的品質。由於某個事件使這人相信，並整合了自己很糟糕的扭曲信念，於是這些自我的金色面向，通常在童年時期或某個前世被潛抑到陰影之中。

進入你的人生的動物，牠們準備好保有你自己的金色面向，且將它們投射回到你身上，直至你準備好再次以「你」的身分擁有它們。我將如此美麗的能量交換視為「頂峰教導」。如果你看著你的動物，且看見一或多項頂峰教導美德——無條件的愛、善意、慈悲、接納或寬恕，茲舉幾例——要知道你的寵物，希望你可以體認到你內在保有這些同樣真實的品質。你的動物大師們已經慈愛地同意，代表你立起一面真相的鏡子，讓你可以學會給予自己你渴望和應得的慈愛善意、慈悲、無條件的愛。

神聖的洞見

你和你的動物同伴，處在天賜的神性夥伴關係中。每一份神聖的靈魂契約，都是為了你們的共同成長而規劃和創建的。你已經安排了你的高我，認為最有可能幫助你的靈魂進化的協議層次。與你的同伴或大自然動物的每一次體驗，都有許多層次的詮釋。

你對這些協議的覺知，可以大大地改善你與你的動物同伴的關係。它讓你能夠更快地治癒你們彼此的創傷。當你目睹動物的行為時，要觸及牠們的行為和問題的更高視角，因為那些經常包含專門為你設計的神性訊息。

你的動物老師們，確實是共同轉化的旅程上的神性合作者。動物們熱切、心甘情願、有愛心地同意與你組隊合作。

這是美好的時光，可以暫停一下，向曾經觸動你的心的每一隻動物傳送愛和感恩。感謝牠們曾經賜予你的靈魂莫大的贈禮。牠們一定會感覺到。

你在另外一個生命身上，遇見的是你自己的進化層次的投射。

——拉姆·達斯（Ram Dass）

第5章

協力療癒案例研究

有計畫的共同創作者

本章中的協力療癒故事，是動物人類關係的內在動力和許多層次的絕佳代表。它們是具體的實例，說明每一段動物夥伴關係內的潛在靈魂契約，據此幫助你連結與你有關係的動物的這些點，以此斷定你們的協議。

動物與人類基於某個原因相互吸引；他們的靈魂知道，彼此相聚有某個更高的目的，那對他們的成長是互惠互利的。儘管存在肉體中伴隨風險，以及身體和情感痛苦的可能性，但是大多數的存有，被一次又一次地吸引前來投生，以求更頻繁地感受到更多愛的潛在回報。

動物是人類旅行多種路徑的重要夥伴和老師。如果你有意識地踏上內在的療癒旅程，而且醒悟到你的動物同伴提供的療癒贈禮，就可以選擇主動參與，且好好利用你們的動物協議的轉化力量。比起獨自一人，彼此相聚可以更迅速地療癒。我睿智的姊夫最近對我說：「我從來不知道球員可以靠自己做到這點，但是一支球隊可以讓這事發生。」

愛好動物的朋友們，要準備好喔！本章中啟發人心的真實例子，將會闡明諸多原因中的幾個，使你明白，為什麼有意識地與和你有關係的動物組隊合作，對你們的共同成長和轉化有所裨益。

感謝參與者

在主持了協力療癒案例研究之後，我提出決定將在本書中分享哪些動物與人類的療癒故事。就在那時候，我覺知到每一位人類參與者的共同點。每一對搭檔的一個關鍵共性是，在案例研究療程之前，每一位主人都主動投入了某種內在療癒過程。我相信，這使他們在情感上比較準備就緒，也願意在他們的協力療程之後，踏上深度的轉化旅程。

他們熟悉轉化進入每一個人的內在療癒，因此比較不抗拒改變。他們比較自在，可以帶著開放的思想和開放的心，深入探究這趟旅程帶領他們來到的情感深處，因此更容易療癒。他們站在光明中，站在黑暗中，他們站在兩者之間的任何地方，尋求和他們的寵物一起與過去的情感創傷和解的可能性。

我永遠感謝參與者，包括兩條腿和四條腿的參與者，感謝他們的勇氣，以及對個體和共同靈魂成長的承諾，與他們願意展現脆弱，帶著幫助他人的希望分享他們的經驗。

協力療癒

在辨認動物與牠們的人類搭檔，共享類似的核心情感創傷的過程中，我認為，如果他們有機會在同樣的能量療程期間同時療癒，迅速抵達幸福之地，那就太好了。我可以預見那份潛力，且抱持樂觀的態度。協力療癒是我熱情地發起的一項研究專案，為的是斷定當寵物和主人雙雙參與同一個療程時，協力療程，是否可以為動物和主人提供更迅速的治療結果。沒有什麼比想到動物和人類較少受苦且較常去愛，更令我興奮雀躍的事了。

往往，當我促成動物療癒療程時，我觀察到牠們釋放出——實際上屬於其主人的能量和情緒，那是牠們（自願地）從主人身上吸收過來的。人和動物為彼此攜帶能量相當常見。如果這個搭檔特別親密，或是處在共依存的關係中，他們的能量場就更加交織在一起。因此，促成協力療程，將會為動物和人類提供一個千載難逢、對雙方有裨益的機會，是有道理的。

所有生命，尤其是處在忠誠關係中的那些生命，都在透過他們的經驗，努力轉化和演進他們的靈魂。

我投入這個專案，希望做到最好，而且盡我所能不執著於結果。參與者的反饋非常正向。我將協力療癒，新增至我為動物愛好人士提供的服務之中，為他們提供與自己的寵物一起療癒的選項。協力療癒故事優美地強調，我們如何帶著自己的挑戰穿越人生，直到我們有勇氣面對那些挑戰為止；而我們的寵物往往幫助我們做到這事。

關於案例研究

- 協力療程是遠距進行的，因此動物會比較容易在熟悉的環境中，與自己的主人一起陷入「臣服模式」。多數時候，主人會躺在床上、沙發或其他舒適的地方，盡可能地放鬆。他們往往會在有寵物在身邊的情況下睡著。我要求他們刻意營造一個平和、神聖的環境，讓能量可以更輕易地導航至渴求療癒的區域。在最初的電話討論和登記報到之後，我們掛斷電話，然後我在能量上連結到他們的心和靈魂，直至我感覺療程結束為止。這些療程通常持續四十五至五十分鐘。在能量療程結束之後，我便打電話給個案，匯報和討論整個情況。

- 在協力療程期間，我感應且感覺到一條三角形的能量索，連結著我們三者的心。那份連結感覺起來非常牢靠而安全。神聖的空間是由我們的光之團隊創建和保持的。
- 療癒能量和注意力，自然而然地滿足寵物或主人最普遍的需求。有時候，動物從這些療癒中獲得較多的裨益，而其他時候，最需要療癒的卻是主人。有些時候，主人希望比較聚焦在身體的挑戰，但多數時候，療程的意圖是要治癒情感創傷，清除製造了行為或身體挑戰的阻抗。在每一次療程中和每一對搭檔內，這些都不一樣。

- 每次療程開始時，我都會詢問主人，自從上次療程以來，他們的最新進展或挑戰，也詢問他們的身體和情緒健康狀況。我也會請主人陳述自己的意圖，表明為什麼他們會感覺得到極大的指引，要為自己和他們的寵物療癒。
- 許多動物人類二人組，透過一貫的療程，看見了自己和寵物的進步，因此他們報名參加了另外四次療程，進一步深入探究，療癒由他們的寵物鏡映的原初情感創傷。此外，許多人們開始接受個人療程，因為他們的寵物已經消除了許多創傷，於是這些人感覺準備好了，要繼續更密切地聚焦在協力療程帶來的療癒結果。他們領悟到，當他們繼續聚焦在個人的療癒時，他們的動物就會跟他們自己一樣，獲得回報。

我刻意選擇了以下七則轉化的療癒故事，因為我認為它們具有幫助他人的最大潛力。注意在每一則療癒故事之前，都標明了比較普遍的靈魂協議，那些是這對搭檔選擇了組隊合作，以及共同穿越的協議。在每一支動物人類二人組內，八成還有幾個額外的協議在操作，但這些協力療癒療程的焦點，將會強調最顯著地自行揭露的療癒協議。整章從頭到尾都可以看見，我對每一對協力療癒搭檔的觀察和洞見，而療癒故事開頭的搭檔名字，則以楷體字呈現。

悲慟、失落、被遺棄——裘蒂和傑特

契約類型：情感創傷協議、投射協議

裘蒂幾乎一生都是照顧者。小時候，由於弟弟行為過動且每天濫發脾氣（二十歲時，弟弟被診斷出罹患躁鬱症），母親需要更常照顧弟弟，無法照顧她，所以，當其他孩子玩耍的時候，裘蒂卻「責任在身」，那意謂

著，她要做飯以及幫忙父母親。二十二歲時，她嫁了一名有健康問題的男子，結婚第四年，對方日漸衰弱。在接下來的二十二年中，裘蒂除了是家中唯一的收入來源，還要照顧對方。

在他們離婚之後，裘蒂立即轉移目標，開始照顧父母親，父母如今年邁，因此再次需要她幫忙。他們住在另外一州，最初裘蒂頻繁地探望他們，因為她有一位同住者可以照顧她的狗兒們。最終，裘蒂讓父母親搬來與她同住，她可以更加親力親為，照顧他們的日常。三年後，她父親往生了，然後裘蒂和她母親相依為命。在她父親去世後僅六週，他們搬進了新家。裘蒂沒有時間充分地為失去父親而悲慟，於是潛抑了她的悲傷，刻意聚焦在正在哀悼且需要她照顧的母親身上。

當裘蒂與她的愛犬傑特，一起報名參加一系列協力療癒療程時，她母親已在三個月前往生。那是一次非常痛苦的往生，似乎在深更半夜憑空冒出來。她母親令人害怕的臨終時刻，在浴室地板上度過。裘蒂通常會被最輕微的噪音驚醒，但是直到母親真正嚥下最後一口氣，她才意識到母親企圖引起她的注意。更令人驚訝的是，傑特古怪地待在客房裡，對騷動完全沒有回應。這個行為很古怪，因為在那個毀滅性的夜晚之前，傑特一直想要置身在一切人事物中間，且對每一個噪音狂吠，尤其是深更半夜。

在靈魂層次，這些是徵兆，顯示，裘蒂母親的往生，本就是設計好不會有人干預。

母親去世兩週後，裘蒂還緩不過來，因為母親的死亡太觸目驚心且突如其來，但她的處境使她別無選擇，只能搬出與母親同住的屋子。裘蒂和傑特搬去與一位朋友同住，希望有時間可以好好呼吸、療癒，然後開始尋找一個家。她們住的地方結果證明並不適合，尤其是對傑特來說。於是八週後，裘蒂和傑特再次搬進她們現在的住家。在裘蒂成年後直到這時，她向來與別人同住。

裘蒂因母親的痛苦往生，而罹患創傷後壓力症候群（PTSD），而且傑特和裘蒂都經歷了極大的悲傷和情緒痛楚。如今搬進了新家，因兩次搬家的忙碌，而潛抑的情緒原本無處可去，現在完全湧現。

裘蒂這位終生的照顧者和滋養者（無意識地），尋找一個目的，於是她的焦點轉向傑特。在失落之後以及悲慟期間，害怕某事會突然間發生在我們深愛的其他人身上，這完全正常。突然間，傑特的分離焦慮大大提高。慈愛的媽媽裘蒂白天上班時，在傑特身上安裝了一個攝像頭，而且不斷查看手機上的應用程式。

每次裘蒂看著她的手機查看傑特時，她都覺得胃很不舒服，眼見傑特表現出高度的焦慮。傑特天天嚎叫，焦急地踱步，或盯著門口等待裘蒂回來，始終如一；牠很少睡覺。裘蒂念念不忘如何減輕傑特的不適。她們不在一起時，裘蒂嘗試了許多替代和主流的輔助和方法，讓傑特平靜下來。裘蒂也把自己對置身戶外的偏好，投射在傑特身上，認為傑特整天待在室內很悽慘。

在協力療癒期間，他們倆都釋放了——大量焦慮和長期潛抑的被遺棄恐懼。在第一次療程期間，裘蒂母親的靈就讓我們知道她的臨在。她不只是根據需要慈愛地支持她們，還對裘蒂為她往生那晚所承受的一切，表示抱歉。此外，在裘蒂的母親往生之前，裘蒂已經吸收了一些母親的能量，當你有意識或無意識地想要減輕親人的痛苦時，就會發生這種事。當這人在某種程度上相信，扛下親人的負擔比看到親人痛苦容易時，這種情況便自然而然地發生。這股能量從裘蒂身上升起，返還給她母親。

＊＊＊

我記得在我自己的母親去世後，我開始出現對我來說相當陌生的身體症狀，比如說結腸炎和頭痛。我母親患有慢性頭痛和結腸炎。我當時認為這是非常奇怪的巧合。在母親往生前四天，乘坐非緊急救護車將她送到安寧照護中心期間，我與她共度了永生難忘的時刻。我們深情地看著對方的眼睛，那一刻，我唯一想的是，但願我能帶走她的疼痛。這是能量轉移的確切時間。她去世後幾個月，我才領悟到發生了什麼事。這時候，我必須刻意地釋放那股能量，將它歸還給它的正當擁有者。當我有強烈想要歸還那股能量的意圖時，我不再有「母親」的身體症狀。

多數時候，人們只是吸收了摯愛的某些情緒痛苦，無論對方是人還是動物。我的理由很罕見，因為我吸收了造成母親的身體症狀（頭痛和結腸炎）的能量，但是有許多其他人也發生了類似的事。八成是，這事以為我完成的方式具化成形，好讓我可以覺察到能量轉移的可能性，從而幫助他人辨認並釋放這類能量。

＊＊＊

療程期間，裘蒂非常願意沉浸在她悲傷和痛苦的陣痛之中，釋放透過美麗的眼淚升起的情緒。她覺察到，她將自己的創傷後壓力症候群的恐懼，投射到傑特身上，擔心傑特也會離開她。傑特也很悲慟，而且適應著白天的孤單，但裘蒂的恐懼無意中加劇了牠的焦慮。此外，由於早期被遺棄的課題，裘蒂也有「被需要的需求」。在此情況下，她對傑特的所有恐懼都顯得很正常。凡是經歷過失落的人在悲慟和療癒時，都會把所愛的人抓得更緊一些。應該指出的是，對裘蒂曾經照顧過的那些人來說，裘蒂是非凡的療癒師。她的靈魂心甘情願地為這些關係背書，不但清除業力，而且因為這點，她培養且提升了她對一切眾生的服務層級。

在裘蒂的第二次療程期間，發生了值得注意的突破，她釋放了一條與前夫共依存的能量索。她們之間的共依存能量索斷開了，因此她們會理所當然地對彼此感到不那麼焦慮。裘蒂開始剝離那份保護，療癒某個追溯到童年和前世的長期情感創傷。這個創傷植根於——被遺棄的課題和被需要的需求。在那次療程後，裘蒂提到，關於她與前夫過去的關係，她感到平靜許多。

在一次療程期間，裘蒂分享說，隨著她深度放鬆進入那股能量中，她看見一幅驚人的視覺心像。在那幅視覺心像中，有一座巨大的石英晶體山，看起來宛如大教堂，以指數級的速度從她心臟的中心冒出來。那座山洋溢著白光和金光。那次療程結束後，她在網路上搜尋，想找出那個圖像是否有任何意義，結果發現，它象徵進入阿卡莎紀錄（akashic records）。這是另一個徵兆，顯示她在心的層次的深度療癒已經發生。

我引導裘蒂抽回擔心傑特的能量，轉而聚焦在自我照護，這對她們倆都會有所幫助。我建議她，請她媽媽或她的天使們，在白天陪伴和支持傑特，而且在她每次想到傑特時，就向傑特發送愛和平靜的能量。早上離開傑特時，我建議她不再充斥內疚和擔心，而是給傑特一份職責（比如說，嗅出任何入侵者或厚臉皮的松鼠們），藉此增強傑特的能力，同時告訴傑特，牠會沒事。我向她保證，傑特比她認為的更堅強，在裘蒂離家時，傑特擁有牠需要感到安全的一切事物。

＊＊＊

在自己的重大失落之後，立即聚焦在另外一個靈魂，在某種程度上，是在無意識地避免處理自己的痛苦和悲傷。當你無法陪伴你的寵物時，釋放因為沒有陪伴你的寵物而產生的擔心和內疚感，將會幫助牠們進入平靜

裘蒂與傑特

祥和的狀態。如果你有一隻讓你在離開牠時感到內疚的寵物，請觀想你的寵物的所有需求都得到照顧，而且牠們在獨處時感到堅強、獨立、安全。然後盡你所能地拋棄內疚，因為這在不經意間助長了寵物的行為。

＊＊＊

裘蒂每天持續告訴傑特，牠很堅強，以及裘蒂上班時，牠會沒事，結果，傑特獨自在家找到了平靜。她們創造了全新的每日午餐約會儀式，雙方都非常享受，而且她們更加聚焦在一起玩得開心。上班的時候，裘蒂不再看手機，不再盯著傑特是否滿心焦慮，因為雙方都比以前任何時候平靜和獨立。起初，裘蒂考慮找另外一隻動物來修補這一切，但之後她領悟到，她們雙方都比她想像的更為堅強。

傑特和裘蒂有著難以置信的心的連繫，而且同意相互療癒被遺棄的情感創傷。傑特也簽定協議了要向裘蒂反映，感到焦慮且害怕獨處的人是她。她們有意識的靈魂旅程，將會繼續幫助她們雙方共同成長和轉化。

❖ ❖ ❖

被遺棄與共依存——里克和薩米

契約類型：情感創傷協議

里克是一片神聖土地的管家之一，住在這處莊園的主屋裡。一天下午，他在修籬笆，注意到一隻狗在高高的草叢中。乍看之下，他以為是鄰居農場的狗，於是叫住了那隻狗。狗沒有回應，里克朝牠走去。就在這時，他意識到根本不是鄰居的狗。

這隻流浪犬舉止謹慎，尾巴夾在兩腿之間，但平易近人。里克因為相當喜愛動物，自發地向那隻狗送出愛和善意。隔天，流浪犬還在附近出沒，里克決定該去買些狗糧，幫助牠與家人團聚。地主們有嚴格的「禁狗」規定，但他必須做些事幫助那隻狗。

里克在附近的飼料店張貼傳單，而獸醫確定狗兒尚未結紮。與此同時，里克決定幫助這隻狗健康起來，學習如何對待莊園內的人們和動物的社交禮儀技巧，為狗兒生命的下一篇章做好準備。日子一天天過去，夜晚越來越冷，里克決定在乾草棚內為薩米建造一間暖氣房，而且每天晚上跟薩米一起睡在那裡，只是為了陪伴薩米。

他們很快變得形影不離。薩米就睡在里克旁邊，而且去哪兒都在一起。甚至里克白天離開農場工作時，也帶著薩米。里克訓練薩米的投資證明卓然有成。薩米善意對待造訪這片土地的每一個人。但薩米活著的原因是他的救星里克，而且薩米希望一天二十四小時全天候跟著里克，否則他會表現出分離焦慮。

大約一個月後，里克無意間聽到地主之一將薩米介紹給莊園上的一名工作人員，說牠是「他們的新狗兒」。她告訴這位工作人員，薩米多麼乖巧，她們多麼喜歡有薩米在農場上。薩米已經正式成為農場家庭的一員，而且住在那裡了。

當里克表示有興趣報名參加一系列協力療程時，他重點明確，希望完成一件事——幫助薩米不那麼黏人，不那麼需索無度。假使里克坐進卡車，試圖在沒有他的毛小孩朋友陪伴的情況下離開，薩米會追逐卡車，直到里克基於薩米的安全不得不停車，抓住薩米，這很危險。里克開始覺得，讓薩米一天到晚跟他在一起根本不可能。

甚至在第一次療程開始之前，里克就開始連結到，與一隻需索無度、共依存的狗兒在一起，很類似他與女性的關係模式，這很諷刺。這個更高的視角，帶領里克來到新的覺知層次，覺察到他自己以及他如何出現在自己過去的浪漫關係中。里克的靈魂召來了一隻渴望共依存關係的狗兒，這絕非巧合。突然間，里克可以看見薩米優美地提供的鏡像反射。

薩米和里克擁有一份「情感創傷協議」，為的是治癒他們尚未癒合的被遺棄創傷。

里克出生在一個有七個孩子的家庭中，自稱是害群之馬。他一直不喜歡學校，也發現閱讀很困難，因為他天生患有注意力不足過動症（ADHD）。他母親沒有時間或技能，以他需要的方式幫助他。里克的父親經常旅行，因此他與父親的關係也不親密。十五歲那年，里克決定離家。他學會做木工，以此養活自己。歸根結柢，里克小時候的需求沒有得到滿足，這是他今生被遺棄創傷的根本原因。

直到里克開始療癒這個情感創傷，建立起健康的內在教養方式，才能以他小時候沒有被滿足的方式，填補他的內在小孩，否則他會一再捲入共依存的關係中。好消息是，他體認到這個模式，而且打算有意識地療癒他和薩米都有的被遺棄創傷。他還有另外一個動機；他希望從他的成年自我中，顯化出健康的全新浪漫關係，不同於那個受傷的小孩匆匆跳入，很快地變成全身心投入且共依存的關係。

每次療程期間，薩米和里克都始終如一地允許他們的能量深深扎根，於是愛優美地流入他們的心中。扎根接地，或是讓你的能量牢牢地根植於地球母親，對一段比較充滿平和的塵世體驗來說，是必不可少的。里克和薩米通常會在療程時很快睡著，而且經常在療程結束後，繼續小睡一會兒。這是深度臣服和持續整合較高振動的徵兆。

薩米讓我看見，有一次牠跟刻意遺棄牠的另外一名男子住在一起。前兩次療程，薩米釋放了許多情緒痛苦、心痛、悲傷。我感覺到一根繩索脫離了從前那名男子，而且薩米與里克之間的心輪索得到了清洗和淨化。那些療程結束後，里克經常會說起感覺到深度的安詳和平靜感。

第二次療程結束後，里克決定找一天讓薩米自己待在家裡，而不是帶他去工作。事情進行得非常順利。薩米沒有追逐卡車，因為牠覺得比較獨立和安全。接下來的幾週裡，薩米每週都在農場待幾天。里克很高興，不再擔心，甚至不再瞥一眼後照鏡，看看薩米是不是在追逐卡車。總是有人在那片土地上工作或照顧動物，當里克將薩米留在農場上的那些日子中，農場上的每一個人都很享受薩米的存在和陪伴。

薩米和里克在培養健康的內在教養技能方面，雙雙取得了進展，使他們可以變得更加獨立和充實，而不是企圖依靠彼此得到滿足。當共依存在其核心療癒時，必定有一份永續的安全感以及由內在生出的知曉；知曉讓這個存有能夠照顧自己的情感需求，給予自己他們向外尋求的愛。此外，我被告知，薩米已經清除了因為被一匹叫做螢火蟲的馬兒踢到，而造成的業力以及身體和情感創傷。

在他們一系列療程的早期，里克意識到他有興趣進一步了解，某位他已經認識了一段時間的女子。慢慢來是他的新目標，而且首先培養友誼是需要的內在改變和成長，才能打破匆匆跳入關係從而在關係中迷失自己的老舊模式。

有一次，里克覺知到，他可以感覺到自己的老舊自我，在兩人都還沒有準備好之前，就想要將這段關係推向超友誼。他體認到真實的情況，而且在下一次療程期間立即採取行動，致力於更加尊重自己和這段關係。他做這次療程的意圖，是要培養健康的不執著。療程期間，他釋放了本我輪（sacral chakra）上保有的老舊關係創傷和情緒。這幫助他從新的視角做出比較健康的決定，聚焦在長期目標，培養他一直想要的那類浪漫關係。

里克與薩米

＊＊＊

當被遺棄的情感創傷被治癒時，這人當前和未來與動物和人們的關係，將會自動地擁有對他們而言更加獨立的感覺，因為他們不會企圖讓另外一個人或動物來填補。他們與他人的連結仍然會非常有愛，而且這份關係會有一份新的計畫和不同的靈魂契約，繼續支持彼此的進化之旅。

＊＊＊

今天，薩米和里克一切順利，非常享受他們的生活。他們很可能會在另一世再次相聚，因為他們的靈魂合作愉快，而且非常熟悉彼此，彷彿他們以前曾經做過這件事。他們的心的連結緊密牢固，而且無論這一次他們的旅程走向何方，都有信任和愛的基礎，使他們一路上輕鬆自在。

背叛與信任——潘和布朗森

契約類型：情感創傷協議、無意識的鏡像協議

潘一直是狂熱的愛狗人士，對牧羊犬有著強烈的偏愛和喜好。她擁有與生俱來的天賦，透過持續不斷的訓練和對動物成長的慈愛承諾，幫助動物們戰勝恐懼。潘與一隻名叫尼可的可愛柯基犬，建立了尤其深厚的心的連結，尼可堅定不移地陪伴她，經歷她人生中許多難捱的時期。尼可去世時，潘傷心欲絕。感謝老天，她的另外一隻柯基犬莎拉此時在她身邊，但潘仍舊心碎，需要時間才能治癒並從尼可的往生中復原。

大約一年後，潘準備好要開始為自己和莎拉尋找另外一隻牧羊犬同

伴。她很想找到一隻澳大利亞牧羊犬。潘甚至知道她希望那隻狗看起來是什麼樣子——她想要狗的毛色，介於她心愛的尼可和親愛的莎拉之間。

＊＊＊

當人們被某種動物的特定品種、體型或毛色吸引時，這是他們的靈魂正在憶起他們與打算合夥的動物，預先規劃且簽定的協議。人類和他們各自的動物合作者，會本能地得到指引，走向對方。

＊＊＊

潘研究了線上的飼主，在發現一位外州飼主有一窩六隻澳大利亞牧羊犬的時候，她停止搜尋。當潘在線上查看這窩幼犬時，牠們是根據出生順序的排行識別的。那一窩小狗中最年幼的六號犬，恰好擁有她正在尋找的混合毛色。巧的是，潘也是六個兄弟姊妹中最年幼的。這個意想不到且來自宇宙的明確信號，是潘唯一需要釐清的，這是為她和莎拉而生的小狗。

當快遞車把布朗森送到她家時，布朗森才六個月大。把布朗森從板條箱中放出來時，潘頗為震驚，因為看起來好像布朗森完全沒有被社會化。牠在浴室裡躲了幾個小時才讓潘觸碰牠。似乎布朗森從來沒有進過屋子裡，以前也沒有被繫上皮帶牽著走，而且牠被那輛車嚇呆了。這些事都沒有嚇倒潘。她自信滿滿，相信因為愛和訓練，她可以幫助布朗森戰勝心中的恐懼。

布朗森適應了新環境，顯露出非常甜美的個性。牠開始在新家中感到安全。莎拉保持了她的強勢氣質，而且兩隻狗處得非常和睦。布朗森還是有社交焦慮，而且對人很謹慎，但除此之外，牠很好地適應了新家的生活。

在布朗森和潘一起生活了幾年之後，潘仍然希望能量療癒療程可以協助解決一件大事：布朗森對她非常過度保護。用皮帶拴住時，布朗森對其他狗頗具攻擊性且容易有反應。有一次，他們去拜訪潘的姊姊，大家都坐在後院裡，鄰居的狗衝到布朗森身邊的籬笆上，布朗森瞬間衝向籬笆，把潘和她的椅子一起拉過去。這個事件導致潘進了急診室，手臂骨折。

潘很受挫，反而進一步與起動機，要採取行動讓布朗森懂得與狗交流。她決定讓布朗森每週參加狗兒日託照護。好消息是，在狗兒日託中心時，布朗森從來沒有對任何狗有過攻擊的舉動。當他們抵達日託照護中心時，布朗森始終對進入那棟大樓保持警惕，但一旦進入大樓，融入其中，牠似乎很喜歡與其他狗相處。布朗森的攻擊性僅限於牠跟潘在一起的時候。潘擔心布朗森的攻擊行為（典型展現出動物隨性反應和善於保護的特徵）會越演越烈，嚴重到她無法公然帶牠出門的地步。

＊＊＊

「保護者」形象[1]根植於尚未癒合的創傷，來自於某世曾經遭到背叛。這是一種容易有反應的形象，在此環境中，動物真正相信牠們需要主動出擊，保護自己（以及牠們的主人），遠離潛在威脅生命且靠近牠們空間的「壞」人或動物。有一種根深柢固的信念，認為信任他人並不安全。感知到的背叛將會持續下去，直到創傷被體認到且在核心被治癒。然而，當這個形象只有在這隻動物與主人在一起的時候才「冒出來」，它就是明確的徵兆，顯示他們之間有主動的「情感創傷協議」。

＊＊＊

我很高興聽到，在兩次協力療癒後，潘注意到布朗森身上微妙而正向的改變。散步的時候，布朗森會比較快速地擺脫牠的保護行為，而且整體上顯得比較平靜。

當潘坦白她在工作上的挫敗時，一個重要的時刻具化成形。她解釋，在她與各公司合作的整整三十三年的職業生涯中，曾經一次又一次地遭到背叛。沒有得到獎金，有人認為她無法完成工作。潘可以詳細講述每一次遭背叛，這進一步重申，她堅信工作永遠是鬥爭，而且她始終被「壞人」所害，受到不公平的對待。她遇過無數的上司，這些人持續激怒她，使她無法好好表達（這點可以回溯到她的童年）。被潛抑的憤怒，會表現成一種自作聰明的態度和濕疹爆發。此外，她提到自己曾經被家人背叛。

註❶：保護者形象在我的著作《與自己的動物同伴一起進行靈魂療癒》當中有進一步的記錄。

就在那個時候，潘在她無限的智慧中體會到一份頓悟。彷彿她打開了一盞燈，一個更高的視角和新的覺知層次穿透過來，而她可以看見背叛的主題交織貫穿她這一生。再者，她辨認出，自己是每一個情境中的共同點。此外，潘領悟到，她和布朗森擁有且鏡映了尚未癒合的遭背叛創傷，而且已經聯手治癒那個傷口。潘體認到她們行為中的相似處，以及她們都會如何迴避他人。同樣顯而易見的是，布朗森一直代表潘表達著她尚未釋放的挫敗和憤怒。

有了這番全新的了悟，潘全力以赴，渴望開始轉換某種相信人們通常不可信賴的終生模式。在潘要治癒這個模式的強烈意圖的刺激下，她們的協力療程，隨後進入了一個富有成效的全新療癒領域和層次。她渴望治癒且學會如何說出心中的真理，以及渴望感到比較平靜、比較安全，而且允許比較友善的經驗，而不是相信人生永遠是戰場。

潘與布朗森

布朗森和潘始終如一地清理喉嚨中潛抑的能量（尚未表達的情緒）。在某一瞬間，我看見某個前世創傷，當時一把刀刺在潘的喉嚨上，因為她說出了代表她相信的事。

這個前世本身很可能是潘害怕為自己發聲的根源。

她和布朗森在戰鬥中一起為彼此的生命奮戰，而造成的前世情感創傷也被釋放了，於是另一個前世自行揭露，當時潘過著艱難而壓抑的生活。此外，布朗森在頭部和下巴處，釋放了大量多餘的能量，因為牠始終「警戒著」，隨時準備進攻。

人狗雙方都開始相信，很可能自己內在深處其實很好。這番轉變使她們的療程能夠更加深入，她們釋放了強烈的情緒痛苦和憤怒，那源自於過去遭到背叛。潘宣稱，她感覺好像自己全然不同，變成滿懷希望的人。

她也急於分享這點，當有潛在的背叛蠢動時，意外地，高層管理人員代她出頭，完全保護了潘，保護到另外一個人被重新分派任務的地步。這是她有記憶以來首次在這方面感覺被聽到、看見、得到支持。

此外，潘主動出擊，寫下她的意圖，列出她過去每一次遭背叛，然後透過神聖的儀式釋放。她與布朗森一起採用我建議的肯定語句，始終如一。她的一切療癒工程均大有嶄獲。布朗森的表現非常好，與其他狗相處時，有了顯著的改善。牠經常自信滿滿地直接進入狗兒日託中心，而且服從指揮。潘甚至能夠帶牠去公園，放鬆坐在長椅上，這是以前從來沒有考慮過的選項。

潘和布朗森取得了長足的進步，成為可以透過與自己的動物一起進行有意識的療癒，而發生轉變的非凡實例。這兩個勇敢的靈魂，在各自的靈魂史中都經歷過許多的背叛和痛苦，而我很高興與她們踏上了轉化的旅程，在她們的心中感覺到更多的平靜和愛。

在為了編輯這則故事而閱讀我的療程筆記時，我發現頁邊空白處的一句話尤其溫暖了我的心。在與潘的一次對話中，我寫道，我覺得潘開始信任我了。確實，潘逐漸敞開心扉，更頻繁地表達自己，而我可以感應到，她逐漸覺得比較安全，彷彿她知道我在支持她，而我確實那麼做。

❖ ❖ ❖

被侵犯、創傷、虐待——阿曼妲、柴亞、桑巴

契約類型：身體協議、情感創傷協議、投射協議、業力協議

阿曼妲和她丈夫，與兩隻收養的流浪犬柴亞和桑巴共享他們的家。兩隻狗已經相處十年了，在牠們的晚年非常享受彼此的陪伴。得知心愛的動物同伴們，現在與她一起踏上療癒的轉化旅程，阿曼妲興奮雀躍，熱情地

要求再進行另外兩個系列的協力療程，每隻狗一系列。毫無疑問，她受到直覺的指引，知道兩隻動物能夠接受療癒的重要性，因為，正如你將會讀到的，她們的靈魂協議和能量交織糾纏。哪隻狗先開始療程的時間安排，甚至有神性順序。事情按照它們應該的樣子展開，為她們每一位提供有可能最深入的療癒。

柴亞

柴亞大約三個月大的時候，耶誕節當天，牠被一名女子隨機扔在一家沃爾瑪（Walmart）超市。這隻美麗狗兒的下一站是當地的不殺生動物收容所，在那裡，牠被好好照顧了幾個月，直到阿曼妲走進來，立即被牠所吸引，從而收養了牠。

阿曼妲描述柴亞具有像貓一樣的特徵和品質。牠非常獨立，而且可以很疏離。她需要一或兩分鐘才能熱起來迎接人們。實際上，牠寧可讓人們知道牠什麼時候想要被撫摸。置身戶外是她快樂的地方。牠非常喜愛在有籬笆的院子內玩耍和閒逛，曬曬太陽。

近年來，柴亞罹患了早期關節炎，使牠很難爬樓梯。牠非常不平衡，導致經常跌倒。身體顯化的疾病清單持續不斷。柴亞患有多重食物過敏、脂肪瘤、耳部頻繁感染，而且前一年還有頸部和腰部椎間盤突出疼痛。

剛進入第一次療程，我就注意到，阿曼妲似乎對參與協力療癒保持非常超然的態度。彷彿她刻意希望所有療癒能量都到柴亞身上，幫助柴亞解決情緒和身體問題。很快就明白了為什麼阿曼妲希望把焦點放在柴亞身上。

在柴亞被收養後的第一年，阿曼妲處在情緒和性虐待的關係中，而且她當時的男友一點也不喜歡柴亞。他不斷讓柴亞成為代罪羔羊，同時給予比較展現出需索傾向的桑巴無盡的愛。

阿曼妲感到內疚，甚至覺得該為柴亞的身體問題負責，而且認為，柴亞的許多疾病都在情緒上牽扯到那一年。她對柴亞感同身受，而且在柴亞身上，看見在那段期間被虐待且在情感上受傷的那部分自我。她尋求寬恕，祈求原諒她讓柴亞接觸到這個男人，而且仍舊責備自己居然一直陷在虐待關係中。

她的男友公然宣稱他非常不喜歡柴亞，他實際上是給阿曼妲下了最後通牒——要他還是要那隻狗。

對阿曼妲來說，這是輕而易舉可以做出的決定。曾經處在性操縱和情感虐待關係中的任何人，都理解，要離開必須取得來自內在的力量和勇氣。我想要闡明的是，柴亞在牠的靈魂的無限智慧中，有一份計畫和一份協議，要成為幫助受虐的阿曼妲，轉化成為勇敢的阿曼妲的狗。我相信她們的高我，規劃了顯化出她男友下達最後通牒的行動，讓阿曼妲比較容易更清晰地看懂情況，然後離開那段虐待的關係。透過她們對彼此有愛的服務，柴亞和阿曼妲在今生清除了許多業力。

每次療程，都幫助柴亞在身體上和情感上變得更堅強。牠更深層地進入靈魂工程，釋放因他人而吸收到的情緒能量，也深入到牠的祖先歷史，療癒冗長的心痛和被侵犯的模式和血統。我經常觀察到，負面自我對話的能量，釋放鏡映出阿曼妲對自己的行為。柴亞的負面自言自語，對牠的太陽神經叢（胃部區）產生了不利的影響，而且在某種程度上造成她對食物敏感。

療癒能量自然而然地流向柴亞體內能量壅塞的區域，讓牠的身體更加輕鬆自在。此外，憤怒、無價值、絕望的感覺，從牠的能量場釋出。柴亞的一系列療程結束時，牠的站姿看起來比較強健，而且不再一直跌倒。

阿曼妲提到，牠似乎比較快樂，表現得比較像狗。她非常高興看見柴亞轉化，在療程結束後變得溫柔親切許多。阿曼妲說，彷彿柴亞有生以來第一次終於敞開來，願意接受愛。

要記住，柴亞和阿曼妲的靈魂，已經為她們的內在成長規劃了被侵犯的體驗。柴亞簽定了要向阿曼妲鏡映發生的事，讓她可以找到足夠愛自己的勇氣，離開虐待她的男人。今天，柴亞存在阿曼妲的生活中，使阿曼妲想起那段時期。阿曼妲看著柴亞的痛苦，認為是她造成的，當然實際上並不是她的原因。隨著阿曼妲進一步領悟到，沒有什麼需要原諒自己了，來自那段時期的更多能量將會被釋放，於是她和柴亞雙方都會感覺痛苦減少了。

她心愛而神奇的狗自由地選擇了牠的身體和情感體驗，作為牠為阿曼妲服務的部分個別進化旅程。作為回報，阿曼妲有愛心且心甘情願地好好照顧柴亞、為柴亞服務。應該注意的是，二十年來，阿曼妲已經主動地踏上深入的內在療癒旅程，開發內在的資源，治癒她過去的創傷。

桑巴

某天，阿曼妲的母親在她家外面，看見一隻迷路又焦慮的六個月大的拉布拉多混血犬，在她家附近跑來跑去。她立即打電話給阿曼妲，請求幫助，然後阿曼妲決定把這隻狗帶回家，試圖替牠找個守護人。當時和她住在一起的男友，一直說想養一隻狗，所以她認為，男友可能會持續幾天有狗讓他「過過狗癮」，直到他們替那隻狗找到適合的家庭為止。

這隻年幼的狗很健康，整潔得體，性格甜美，所以他們想當然爾地認為有人非常想念牠。牠沒有結紮，附近也沒有人見過牠。在盡職責地為這隻狗找到守護人無果之後，阿曼妲決定收養牠。事實上，她愛上了桑巴，感覺好像她們早就認識對方了。

桑巴表現出典型的被遺棄行為特徵，原因是牠早年沒有得到足夠的愛，被牠的主人不折不扣地遺棄了。這種不足症候群，我有時候稱之為被遺棄，就桑巴而言，是透過對食物、關注、遊戲貪得無厭的需求顯現。牠不斷地企圖以牠生命早期不曾被滿足的方式得到滿足。

至於她們的協力療程，阿曼妲希望幫助桑巴，治癒牠的被遺棄課題和需索無度的行為。此外，她擔心桑巴沒有得到牠通常應該得到的關注，因為柴亞的許多身體毛病，她和她丈夫在前一年花了許多時間，試圖滿足這些需求。此外，桑巴有脂肪瘤，最近又被診斷出有膀胱結石。阿曼妲希望這些問題可以在能量療程期間被治癒和釋放。

阿曼妲和桑巴一起進入療程的能量，與和柴亞一同進入療程的能量不同。她們的連繫更緊密，而且阿曼妲知道她們的能量比較糾纏。她的意圖還是相當無私，因為她想要盡可能地幫助桑巴；不管怎樣，她非常願意放鬆進入療程的能量之中，支持她們的共同療癒和釋放。

我永遠忘不了她們的第一次協力療程。桑巴讓我看見一個畫面，當時牠和牠的兄弟姊妹之一，在一輛車子裡，而一名男子正在開車。男子在住宅區的某個角落停下車，把狗從車上抓出來，然後強迫牠們跑開。小狗們不想離開他，男子便大吼大叫，吼到牠們開始朝不同的方向跑去。桑巴試圖跑回男子身邊。就在這時，我看見男子從車裡抓起一支步槍，一腳踩在駕駛座上，朝桑巴警告性地開了一或兩槍，嚇唬牠，要牠繼續逃跑。在療程的那一刻，我感覺到桑巴釋放出突然且大量的悲慟和傷心，那是牠意識到自己正在被遺棄的那一刻產生的。創傷事件衍生出「我不可愛」的扭曲信念。我也感應到，槍聲很可能在桑巴心裡，造成了對煙火和大雷雨的恐懼，這是阿曼妲之前沒有提到的。

療程結束後，我跟阿曼妲談話，她證實了牠們一直懷疑，桑巴是在某個特定的十字路口被放生的。散步時，只要走到那個十字路口，桑巴會看來好像瘋狂而興奮地尋找著某人。她還證實，桑巴在放煙火和大雷雨時會變得十分焦慮。

然後，阿曼妲分享了那次療程期間，發生在她身上令人驚訝且非凡的療癒禮物。桑巴在深度療癒被主人遺棄的創傷事件的同時，阿曼妲也在療癒她自己的神聖部分，那注定要在桑巴被治癒的那一刻，自行揭露和釋放。

阿曼妲的丈夫是善良而有愛心的男子，他們幸福地共同度過美好的八年時光。這些年來，阿曼妲並沒有向丈夫透露，關於她前男友會性虐待的隻字片語。在第一次療程期間，她丈夫意外地回到家裡，當時，阿曼妲正處在深度放鬆進入療程的狀態。她本能地要丈夫過來和她坐在一起，然

柴亞與桑巴

後，似乎無來由地，她變得情緒非常激動。她開始啜泣，告訴丈夫她曾被前男友虐待的事。丈夫抱著她，呵護著她，讓她釋放埋藏多年的情緒痛苦和羞恥。她丈夫透露，他一直懷疑發生過什麼事，但他希望尊重阿曼妲選擇何時以及是否與他分享。阿曼妲後來表示，在他們的第一次療程期間，她對為她出現的事感到震驚。她其實花了幾天時間才領悟到，她正在療癒桑巴在生命的頭一年親眼目睹的創傷。

在她們的協力療程期間出現的能量，使阿曼妲和桑巴能夠同時解開和釋放過去的創傷。事實證明，那次療程發生在除夕夜。對阿曼妲來說，這是新的一年和新的開始。她很激動地透露，那天晚上，桑巴對任何煙火都完全沒有反應。通常，牠會因為焦慮而顫抖，失去理智，但是那天晚上，牠很平靜安詳，表現得彷彿那只是另外一個安靜的夜晚。

在她們的療程期間，阿曼妲和桑巴持續體驗到成效非凡的療癒，阿曼妲持續釋放過去潛抑的憤怒，和自證其罪的內疚模式。她注意到，她更常表達自己，也擁有更好的邊界。在某次療程中，我看見了某個有意義的畫面，那是阿曼妲前一年去世的外祖母。我感應到的是，阿曼妲就跟柴亞一樣，正在努力治癒她的家族中長期存在的女性潛抑和虐待。

關於桑巴，更多好消息到來。牠不再有任何膀胱結石，而且牠的脂肪瘤也在縮小。一種與她們的療程相得益彰的新飲食，使桑巴在身體上有所轉變，釋放掉那些顯化背後的情緒。

在阿曼妲、柴亞、桑巴的這些療程期間，時間安排得恰到好處，使她們能夠投入一趟了不起的家庭療癒旅行，勇敢地釋放過去的創傷，允許更多的愛進入關係的核心之中。

考慮聯絡和扶養的地點

國際級：「寵物安全之家」（Safe Place for Pets），為家中虐待的受害者，和人們不想任意拋棄的心愛動物，提供地點和選項。

請造訪：safeplaceforpets.org

美國喬治亞州亞特蘭大：非暴力之家（Ahimsa House）

「非暴力之家」是一個501(c)(3)（譯註：宗教、教育、慈善、科學、文學、公共安全測試、促進國家或國際業餘體育賽事，或防止虐待兒童或動物的組織）非營利組織，致力於解決家庭暴力與虐待動物之間的關係。在美國喬治亞州境內任何地方，「非暴力之家」免費為寵物提供——安全的緊急住房、獸醫護理、與寵物相關的安全規劃、法律倡導、二十四小時危機熱線、推廣活動、其他服務，為的是幫助家庭暴力的人類和動物受害者，一起達到安全。

❖ ❖ ❖

悲慟、失落、復原——琳恩和蘇菲

契約類型：情感創傷協議、業力協議

琳恩一直是對動物很有愛的人，三十三年來，她因摯愛的丈夫而培養了這份熱情。她們共同擁有一座十二公頃的農場，飼養各種動物，包括鳥類、馬兒、貓咪、狗狗。幾十年來，琳恩一直是活躍的動物權益保護者兼志工，有時候也為當地的人道協會養狗。

蘇菲於二〇〇六年進入琳恩的生活。由於她們的農場在農村地區，她們經常偶遇可能被不想再養狗的某人隨意放生的狗。蘇菲和牠的姊妹澤兒妲，很可能就是這類實例。牠們憔悴、骯髒、頸子上沒有項圈，走在琳恩和大衛的鄉間小路中間，琳恩看見牠們，立即把車停下來。澤兒妲平易近人，性格溫暖可愛，而蘇菲害羞、非常謹慎，不讓琳恩撫摸她。琳恩很感激蘇菲本能地跟著她的姊妹來到她們家。琳恩和丈夫已經養了幾隻狗，而且當時正在領養另外一隻狗，所以她們認為，最好的決定是幫忙找人收養這兩隻流浪犬。

琳恩帶著這對狗兒來到人道協會的收養日活動現場，希望牠們可以找到愛牠們、關心牠們的好家庭。澤兒妲溫暖、誘人的性格，很快吸引了一個新家庭。在澤兒妲被收養之後，原本害羞又膽小的蘇菲很痛苦，沒有澤兒妲讓牠依靠。琳恩繼續為蘇菲尋找家庭。去了三次收養日活動都沒成功之後，看著蘇菲不斷處在高度焦慮的狀態，琳恩和她丈夫都表示「夠了！」——她們決定正式收養蘇菲，於是就這樣，蘇菲有了美好的新家。

抵達新家後，蘇菲立即瘋狂地愛上她們收養的拉布拉多丹麥混血犬威爾遜。威爾遜比蘇菲大幾歲，多數時候，蘇菲都黏在威爾遜身邊。然而，面對人們和其他狗，蘇菲的性格依舊害羞而謹慎。

她們美好的農場家庭生活，在接下來持續了九或十年。然後很不幸地，幾隻年長的狗在幾個月內相繼去世，包括蘇菲心愛的威爾遜。此後不久，大衛開始出現健康問題，還做了開胸心臟手術。此外，她們做出了非常艱難的決定，要賣掉她們的夢想農場並搬家。那時候，屋子裡有兩隻狗：蘇菲和大衛最好的夥伴──他們收養的西高地㹴犬混血種詹姆森。詹姆森曾經搖擺著，一路進到大衛心中神聖的部分，幫助他從手術中復原。

二〇一六年十月，詹姆森不知何故走出了有圍籬的院子。牠向來展現出逃跑的天賦，然而這一次，結果很致命。經過瘋狂的搜尋，琳恩發現詹姆森躺在道路上，沒有生命跡象。她們倆心碎了，而且大衛傷心欲絕，從未從那次失落中完全復原。害羞的蘇菲，當時十一歲，現在正式成為家中唯一的狗。家裡從不曾如此安靜。幾個月之後，作為生日禮物，希望琳恩的丈夫能夠痊癒和復原，不再因失去詹姆森而悲傷，於是在丈夫的要求下，她們收養了一隻西高地小㹴犬。蘇菲對牠的新弟弟芬巴爾很友善，也很寬容，隨著新來的小狗越來越有能量，這個家庭開始痊癒和復原。這是新的開始。

十週後，大衛陷入心肺急症，倒在餐廳地板上。醫護人員因塞車延誤，到達時救不了他。琳恩因為意外失去人生夥伴和靈魂伴侶，而身心交瘁、心碎、悲慟逾恆。她的痛苦之深顯而易見。

一年後，獸醫診斷出蘇菲有心臟雜音，而且解釋說，這可能導致與奪走琳恩心愛丈夫的生命相同的結果。琳恩非常了解動物與人類的情感連結，她擔心多重失落已經造成了損害——不只對她自己，也影響到蘇菲。她推測這導致了蘇菲的心臟症狀。在蘇菲確診後，琳恩決定，該是為她們倆做些能量療癒的時候了，於是她聯繫我，參加了一系列的協力療程。

在前兩次療程期間，琳恩丈夫的靈性臨在和有愛的支持，是不可否認的。琳恩在兩次療程開始時，都經由健康的淚水完美地釋放，於是她和蘇菲雙雙變得在能量上扎根接地且平衡。在療程期間清理了各種各樣的情緒，範圍從恐懼到憤怒和悲慟，以及你可以想像介於其間的一切。最值得注意的時刻是，我觀察到一名男子帶著一隻白色西高地㹴犬發送愛和支

蘇菲

持。我記得琳恩目前有一隻西高地㹴犬，但她後來解釋，我看到的是她們家的狗詹姆森，牠也已經過世了。那個時候，琳恩分享了大衛帶給她的訊息有多重要，那是保證，確保他和詹姆森已經重聚而且支持著她們。

接下來的兩次療程取得了重大的進展，意義深遠。琳恩有意識地將失去大衛與她在六歲時失去父親所潛抑的悲慟，連結起來。被遺棄的情感創傷協議，對琳恩和蘇菲來說正在起作用，為的是治癒根深柢固的過去，和現在感覺不可愛的生活信念，這些信念，是她們的早年需求沒有得到滿足時產生的。隨著能量場的擴展和邊界的增強，她們雙雙允許愛和喜悅進來。琳恩的恐懼（透過夢境般的視覺畫面），讓她看見一扇通向彼岸的門。然而，她害怕，如果走進那扇門，她會不想回來。然後突然間，她感覺到她的心開始再次打開，因為她決定不走過那扇敞開的門，而是留下來。

透過我觀察到的一間靈魂聊天室，我領悟到：琳恩和大衛已經為了琳恩的成長，而預先規劃了大衛提早離開。這份新的覺知，引進了一份智慧和知曉——她的靈魂選擇的禮物是，在如此短暫的時間內，體驗到許許多多的失落。

美麗的蘇菲總是心甘情願地，為琳恩鏡映了牠自己有信任課題以及害怕讓別人接近牠的部分。在失去琳恩的丈夫之後，牠和琳恩變得更加親密。在療程期間出現的信息表示，透過她們的相互關愛，她們清除了彼此的業力協議。

蘇菲總是很害怕進到車子裡，這使牠無法參加琳恩非常喜愛的旅行。最近情況改變了。蘇菲似乎正在為公路旅行熱身，而且在幾乎十三歲的時候表現得非常好。

在琳恩和蘇菲的最後一次療程期間，我看見了一個畫面，琳恩起初拒絕然後擁抱某人交給她的嬰兒。一旦決定抱住那名嬰兒，琳恩便露出微笑，而且當嬰兒咯咯地笑，歡欣地蠕動著，她感到非常喜悅。牠們之間有美麗的愛交流。這個畫面象徵琳恩擁抱且與她內在發生的新生連結。

琳恩表示，總體而言，她的表現好上許多。對於即將展開然而尚未揭露的下一個人生新篇章，她現在興奮、焦慮、有點不耐煩。她感覺到更為堅強——比較平靜，比較有動機積極地參與，她、蘇菲、芬巴爾接下來要做的不管什麼事。

琳恩在她們的最後一次療程期間看到了一幅圖像，當時她躺在床上，放鬆進入療癒能量中。她開始看見她曾經愛過和被愛過的每一個人類和動物的影像。她瞬間被愛和光的可能最高振動盈滿，這些來自她認識過的所有這些美妙存有。感覺起來那麼的純淨，十分強而有力，那麼的盈滿，於是她的心滿溢著愛，顯化成美麗的喜悅淚水。然後她對自己低聲說：「有這麼多的愛流經我，我怎麼可能傷心難過呢？」

❖ ❖ ❖

焦慮、信任、靈性連結——潔恩和莉莉

契約：情感創傷協議、頂峰教導

二〇一四年七月，潔恩第一次在她上司的後院見到莉莉，莉莉被人從山上救出來後，便與她的六隻小寶寶一起待在那裡。起初，潔恩的目標是帶一隻小狗回家。她已經兩年沒養狗了，她花了一些時間為失去以前那隻狗悲慟，以及為了工作出差。潔恩之前的三隻狗都活到年紀很大，所以她認為，養隻小狗會是不錯的改變。

潔恩遇見莉莉的當天，她和牠的小狗們相處了一段時間，但內在一直

有股衝動，想要回到莉莉身邊，多多了解莉莉。起初她試探看看，而且花了一些時間才讓莉莉熱情起來，但潔恩感覺到和莉莉有強烈的連結，而且感應到這份感覺得到了回應。跟莉莉在一起時，潔恩直覺感受到一份靈魂的熟悉感，而且將這比作與老友重新連結，即使許久不見，仍然感覺輕鬆自在。

她很驚訝自己想的更多是莉莉而不是小狗，所以她在幾次額外的造訪中探索了這份連結。最後一次造訪時，很顯然，莉莉是她一直在尋找的狗。莉莉從過渡進入新家的過程非常順利而不費力。牠完全融入這個家，而且莉莉和潔恩之間的連繫更加牢固。當潔恩看進莉莉的眼睛時，她看見熟悉感，那是她以前認識且愛過的某個靈體。

不久之後，潔恩將莉莉引進她的工作場所，這個組織幫助人們復原，戰勝心理健康挑戰和物質使用障礙，讓這些人了解，他們可以痊癒，向前邁進，活出有意義、有生產力的人生。潔恩很驚訝，經過指引，莉莉居然有能力自動且有目的地走到最需要愛和療癒的那人面前。牠會平靜地與那人坐在一起，直到對方感覺好些。潔恩把這描述成一種神聖而美麗的互動。

雖然在她們的神性夥伴關係開始之前，潔恩並不知道莉莉的確切年齡或牠的生活經驗，但她可以輕易地看見反映在她們的性格和偏好中的相似之處。她們倆都是療癒師，而且我相信，她們的靈魂簽署了這份四處走走、一起為他人服務的協議。協議的設計是，透過她們高度敏感的能力，懂得解讀和直覺感應他人在治療上需要療癒什麼，從而達成這點。潔恩體認到且發現另外一項有趣的共同特徵是，莉莉在狗群中有社交焦慮，但是跟人在一起無妨。潔恩在人群中有社交焦慮，但是跟狗在一起無妨。

十多年來，潔恩一直走在療癒旅程上，逐漸復原，戰勝心理健康挑戰和物質使用障礙。她每天熱心投入這份有益的工作，幫助有類似課題的其他人，在復原的道路上支持他們。不過，她的工作可能非常高壓且容易使她焦慮，因為她始終處在——那些經歷過許許多多且正積極地處理自己的恐懼和麻煩的人們的能量場之中。有鑑於潔恩覺知到莉莉反映給她的信任和焦慮課題，潔恩對協力療癒療程心生好奇，想看看它是否可以幫助她和莉莉減少焦慮且更加連結。

潔恩對她的療程的堅定意圖是，她想要更加連結到她的高我和宇宙，讓她可以在人生中體驗到更多的平靜、和諧、平衡。她對莉莉也抱有同樣的希望。同時，她心懷渴望，渴求她們倆都可以釋放自己的社交焦慮，基於她們的共同利益，增強心與靈魂的連結。

第一次療程為潔恩帶來了美麗且淚流滿面的釋放。莉莉完全臣服進入能量療程中。療癒能量，集中在清理和釋放——位於頸部、喉嚨、下巴、

潔恩和莉莉

頭部的壅塞能量。我覺察到，在潔恩的能量場中有一股潛在、活躍的恐懼流。我感應到的是，它已經存在好長一段時間，長到潔恩覺得它很正常。大量潛抑的悲傷和焦慮，從她們倆心輪區的能量場中釋放出來，令人難以置信。潔恩提到，她覺得焦慮減輕了，負擔比療程進行之前少了一些。這是進步。她還分享說，她與莉莉的連繫很不可思議，跟她今生對其他任何人的感覺都不一樣。

* * *

當高度敏感的人們或動物，開始接受能量療癒時，尤其是擁有高度潛在焦慮和恐懼的人們或動物，重要的是以個案可以容忍的速度前進。我推進療程的方式是，成為一條連結的管道，為聖靈與我的個案的高我保留空間，才能協調個案的療程。這麼做確保療程是由要求療程的個案們設計的，而且發生的事是他們準備好可以允許發生的事。

此外，假使某人宣稱，他們與他們的寵物的關係，代表某份不同於其生命中任何其他人的連繫，那麼他們之間可能有許多類型的協議在操作。動物能以人類無法做到的方式，與人們打交道——尤其是敏感、善解人意的人們。然後這些動物將會接受更深層的角色，成為深邃的嚮導和療癒師。當動物成為某人生命中最安全的存在時，牠就會成為這人最好的地球學校老師，而且將會鏡映和反射這人渴求允許和釋放的東西。許多在情感上與寵物親近的動物愛好人士，都體驗過這類關係。

* * *

這兩位之間很可能有幾項頂峰教導協議，因此她們倆都會知道且體驗到被完全接納和疼愛的感覺。然後她們可以為了轉化和演進，而開始以她們的靈魂渴望的方式，感受自我接納和自愛。

在經過五次的每週療癒療程之後，潔恩開始感覺到，她最初渴望和希冀這些療程可以達到的目標，正在實現。她分享說，她從這些療程中受益匪淺，而且可以感受到與神性的連結，這不同於她以往體驗過的任何事物。她感覺自己的意識中發生了深邃的轉變，而且突然間覺知到，自己的思想和行為一直奠基於恐懼。

在潔恩的下一次療程中，我看見一幅畫面，潔恩躺在地上，注視著一隻老鷹飛過頭頂，感覺像是非常靈性的時刻。與此同時，在潔恩那一端，她分享了她和莉莉體驗到一段神聖的時光，她們在其中擁有一段非常有愛、極其深厚的連繫時刻。隨著每次療程，她們倆都持續允許非常溫和且有愛的能量進來。然後我觀察到，她們會扎根接地，清理掉因為療癒工作而拾起的任何能量，而且釋放位於心輪和太陽神經叢（胃部）的深度悲傷和情緒痛苦。

她們的社交焦慮並沒有完全解決，但是潔恩肯定地說，她們的容忍度正在提高，而且她和莉莉都體驗到，對自己和生活更有自信。隨著她們繼續一同走著這條路，她們正在融入且擁抱她們的服務、療癒、諸多成長的生活。她們對他人堅定不移的慈悲和同理心是鼓舞人心的，而且對那些由她們支持著穿越神聖的心的療癒工程的人們，產生了正向的影響。

❖ ❖ ❖

敏感的共情者與接納——莎拉和莎莎

契約類型：情感創傷協議、投射協議、頂峰教導

得知貓過敏，導致她出現新的哮喘和過敏症狀時，莎拉極為震驚。

她總是分享她與貓咪的生活和家園，而且非常喜愛每隻貓科朋友且與之連結。她也喜歡狗和享受狗的陪伴；不過，卻極其偏愛貓咪的陪伴和特性。當她收到過敏檢驗結果時，她和丈夫有一隻心愛的年長貓咪西蒙。莎拉以醫學方法治療了她的哮喘和過敏症狀，好讓她們的貓科同伴，可以度過生命中最後六個月的美好時光。

在失去心愛的貓咪之後，屋子裡感到前所未有的空虛。莎拉比她想像的更想念貓科朋友的陪伴。她丈夫出於對妻子的愛和找到解決方案的渴望，研究了貓科動物的品種。他發現，與其他品種相較，巴里貓這一特定品種，始終如一地證明在人類體內引發較少的過敏反應。以前，莎拉總是拯救她的貓咪。因此，她需要整理自己關於可能收養一隻純種貓的感覺。最後，她對有貓科動物陪伴的渴望，讓她准許自己因為以下這個決定而找到平靜：有可能透過一位聲譽良好的巴里貓飼養者收養一隻小貓。

莎莎

莎拉的丈夫繼續他的研究，這次是針對特定的巴里貓飼養者。他特別發現了一位似乎很受人尊敬且有很好的參考資料的飼養者，而且對方碰巧有一窩小貓。莎拉一看到這窩小貓的照片，立即注意到一隻小母貓，而且瞬間知道就是「這一隻」。這種只看照片便立即連結到另一個靈魂的概念，當時令莎拉感到困惑。她不明白，但是那份知曉十分強烈，強烈到她和丈夫前去預訂那隻小貓。

兩個已簽署要相聚的靈魂之間的吸引力，是不可否認的。他們總是會在能量上感覺被指引邁向對方。

另一個驚喜是（即使對莎拉本人來說也是驚喜），她一看到照片，就知道這隻小貓的名字應該是莎莎。

實在有理由好好慶祝，莎拉對莎莎居然沒有哮喘或過敏反應。從一開始，莎莎就符合我所說的「敏感者」形象[2]。這隻新來的小貓性格很安靜，而且非常敏感。牠性格內向，經常躲到床底下的「安全區」。這並沒有阻止莎莎和莎拉之間非常有愛和強烈的靈魂連結，而莎拉也恰好是內向的人。

隨著莎莎長大成為成貓，莎拉繼續憂心莎莎的敏感，也擔心牠的生活品質不佳，因為牠不愛交際。她們收養了另外一隻小貓辛巴，辛巴適應得非常好，而且兩隻貓相處愉快。辛巴比較善於交際和外向。然而，即使有辛巴塑造不同的行為，莎莎還是會經常消失不見。

療程期間，莎拉聚焦在幫助現年三歲的莎莎變得比較自信和安全，好

註[2]：在我的著作《與自己的動物同伴一起進行靈魂療癒》中記錄了「敏感者」形象。

讓她可以更頻繁地主動與家人交流。自從家裡新來了一位兩條腿妹妹寶寶後，莎莎就更退縮了。但莎莎並沒有錯過屋子裡發生的任何事。無論牠逃到什麼安全的地方，牠堅強而滋養的靈魂都支持著牠的家人，尤其是莎拉。

莎拉希望自己的人生更加平靜，而且希望這一系列的療程會有幫助。她對新生的嬰兒感到不知所措，難以找到她渴求的安詳和平靜，以及她需要補充能量的時間。她一直頭痛、背痛，而且對於做決定很焦慮。

＊＊＊

敏感、善解人意的靈魂，在他們的靈魂旅程中經常被過度控制。被過度控制製造出更多可以滲透的能量邊界，這反過來意謂著，更容易感應和感覺到他人的能量。敏感的生命不一定害羞，但往往需要更多安靜的時間才能補充能量，釋放他們因為幫助療癒他人而吸收到的東西。

＊＊＊

莎拉和莎莎都是共情者，她們一起踏上療癒的旅程，為的是治癒她們共同的情感被侵犯創傷。

在她們的協力療程期間，我看見莎拉小時候被打屁股和遭到過度控制的畫面，事後她證實了這點。作為年輕的成年人，由於她的過去，莎拉選擇了投入深度的內在療癒旅程，而且最終繼續成為治療師，幫助他人療癒。對於經歷過被侵犯的敏感共情者來說，選擇幫助他人療癒的人生道路是相當普遍的。

在她們的療程期間，莎拉和莎莎經常只是單純地睡著了，放鬆進入提供給她們的療程的釋放和療癒之中。這些療程往往集中在清理喉嚨的能量上，那裡有未被表達的感覺。某次療程期間，在幫助她們釋放喉嚨中未被表達的情感的同時，我覺知到她們曾經有過某個前世在一起，當時她們必須學會活得低調神祕，才能保證安全。我為她們倆清除了這個前世創傷。由於她們的經歷，這些美麗的療癒者靈魂，也體驗了許多對自己非常嚴苛的前世，而且往往轉向責備自己而不是怪罪他人。在她們的療程期間，當她們共同的注意力，被導引到聚焦在療癒她們對自己很嚴苛的事實時，我可以感覺到一股刻意的能量轉移。

在療程之間，莎拉開始注意到，親愛的莎莎越來越常離開牠的安全區，更頻繁地與家人相處。她也注意到，莎莎的眼睛看起來更清澈，彷彿她的眼睛的色彩增強了。莎拉的背部感覺比較舒服，而且她對父母親的想法開始轉變。她看到了她童年的正向面向以及父母親的教養方式，給予她的禮物。

* * *

許多時候，當人們在任何方面感知到動物有負面的行為時，這植根於無意識地對牠們感同身受。這人認為自己確切地知道那隻動物的感受，因為他們體驗過類似的事。當你透過無意識地與動物感同身受，避免聚焦在牠們的行為時，動物們會覺得比較安全，可以在無後顧之憂的空間中綻放。

莎拉最大的轉變之一是，她領悟到，有同理心和敏感，是該被好好尊重而不是改變的禮物。莎拉有所頓悟，她明白到，因為接納莎莎的敏感和與生俱來的偏好，她現在可以接納她自己與她的貓科動物老師相鏡映的那些部分。莎拉終於可以准許自己花些必要的時間，清理她的能量且重新補充能量。莎拉在協力療程結束時提到，關於動物為什麼吸引牠們的主人，她現在理解了更深層的理由，而且她可以看見蘊藏在這一切中心的神性。

如果你有一隻敏感的動物，牠偏愛獨處時光，請盡可能地尊敬和尊重牠們的選擇。善於交際和內向同樣好；我們每一位先天以不同的方式連線。接納你的動物帶著牠們獨特的性格特徵和偏好，來到這個世界，那會使你有能力接納自己的各個面向。如果改變牠們的社交敏感，是牠們的靈魂計畫的一部分，那麼你敏感、善解人意的寵物，將會透露牠們偏愛的療癒時間表。

當我們接納自己且將神性賦予我們的品質視為禮物時，我們便透過新的接納鏡頭看待他人。接納是「頂峰教導」之一，伴隨著非凡的自由與和平感到來。一切眾生都渴望因為他們的本性而被接納。為了獲得這種高頻振動的美德的好處，要尊重和接納你所愛的人們的所有面向，包括你自己的所有面向。

第6章

與靈魂契約校正對齊

你與你的動物同伴之間的各種靈魂協議，以完美的同步性共舞。那是多麼壯觀而美麗的舞蹈啊！你的靈魂和你的動物的靈魂，在這一切的中心，精心安排著你們的慈愛聯盟的每一個細節。你們一起完美地規劃了每一個神聖的同步性，以及具有轉化和療癒潛力的每一次體驗和互動。要全神貫注於這個實相：你與你的動物同伴，是了不起且勇敢的動態二人組。當我主持協力療癒療程的初始「測試階段」時，與我合作的數十對動物與人類，使我變得更好。我敬畏他們的勇敢，以及他們想要更深入地探究他們的動物靈魂協議的渴望。

提升你的覺知，明白你與你的動物共享靈魂協議這則簡單的事實，這本身就會增強你與牠們的關係。然後你可以在你們的每次經驗內，更輕易地轉換到更高的視角，更好地處理肯定會發生的挑戰。

沒有必要為牠們辨認每一份特定的靈魂契約，如何在你的生命中施展魔法。要信任這些契約在靈魂層次操作，然後成為求道者，尋求蘊藏在每一段體驗內的更高目的和使命。

房間裡的大象

人們無數次告訴我，他們擔心如果他們刻意地展開與自己的寵物的共同療癒旅程，且發現彼此的靈魂契約，他們心愛的寵物不久便會往生，因為那些協議已經完成了。我懂這個意思。地球上的動物愛好人士，沒有一個願意做些可能會縮短他們與寵物相處時間的事。

相反地，很可能你的靈魂基於某個原因，規劃了有意識地醒悟到你與你的寵物的那些契約。你只是碰巧閱讀著一本名為《寵物與你的靈魂契約》的書籍。當然，總是有自由意志，而且進化沒有截止日期。何況暫且擱置這個計畫始終是一個選項。

以下是看待這個難題的另一種方式。實際上，你和你的動物都想要同樣的東西：感受到更多的愛，以及帶著較少的苦難進化。每一份協議都是為你們雙方設計的，為的是校正對齊，完成那些事項。你們雙方越早因為投入共同的成長而感覺好些，你們相處的生活品質就會越快得到大幅提升。接受你們的協議的屬性，是一種非凡的方法，不僅尊重你們的寵物，而且幫助牠們（以及你自己）在進化的道路上進步。

實際的情況是，假使你與你的動物，迅速穿越你們的內在療癒協議，那必定是原本計畫的一部分……你們的計畫。比較可行的做法是，穿越比較嚴苛的協議，然後讓另一個十年感覺輕鬆許多，享受著彼此的陪伴，同時學習和整合一或多項頂峰教導的美德，例如喜悅、至福或愛。

就連牠們離世的時機，也是你的靈魂在牠們來到你的人生之前，就敏銳地覺知到的事，所以沒有合乎邏輯的理由，可以擔心牠們提早往生。你可以信任，事物該怎麼展開，就會怎麼展開，而且無論發生什麼事，都不會使你窮於應付。

校正對齊

由於閱讀協力療癒的故事，你現在可以體認到，與動物分享你的人生的更高視角和目的。顯然，好好利用你的關係內的鏡像，可以加快你們的相互療癒和轉化，那是有利的。你八成注意到了，在動物與人類的協力故事中，最常見的共修協議是情感創傷協議。

對於有意識或無意識地依賴寵物，來幫助自己加強自我感覺良好的人們來說，被遺棄可能是他們之間鏡映的情感創傷。在個別都學會滿足自己的需求之前，反映在這些搭檔中的被遺棄能量是非常糾結的。正如協力療癒故事所確立的，由於其他成分與情感創傷混合在一起，加上每一個生命都是獨一無二的，在每一對搭檔中演繹的每一個個體創傷，都有些許不同。被遺棄、信任、被侵犯，是動物最常為人們鏡映的情感創傷。

請記住，在每段動物與人類的夥伴關係內，總是有多份靈魂協議同時操作著。而且你現在也已經了解到，有許多不同的方法，可以透過你的靈魂協議與你的寵物們互動。有時候可能挑戰性十足，不過要記住（尤其是在置身艱難的人類體驗中的時候），你的動物總是設法幫助你完成——顯化在牠們的靈魂對話中的行動、行為、身體表現。

你的動物總是校正對齊，為的是指引你去到新的覺知層次。

以下有幾個技巧可以幫助你校正對齊。這麼做將會允許你與你的寵物簽定的靈魂協議，可以在你們的夥伴關係內自由地流動，於是你們雙方都可以進一步得到你們相聚時的回饋。

- 刻意校正對齊，為的是接收每一次與你的動物相處時所蘊含的禮物。這是在你們的關係內開始轉變的絕佳方法，可以在任何特定的時刻體認到已被啟動的靈魂契約。你的動物將會始終透過牠們的行為和舉止讓你看見你的狀況，所以現在，你可以開始將牠們視為你的成長的鏡子和指南。
- 與你的動物互動，而不是對牠們展現的樣子隨性反應，那需要某種轉變，使你能夠從不同的制高點觀察情境。不妨進入觀察者模式，收回你的能量，看看牠們的行為或問題，可能代表什麼訊息。兩者的差異就好像，為了假日聚會而造訪你的家人，同時陷入你的典型反應，對比跟隨朋友造訪對方的家人，同時觀察他們的行為和互動。當你觀察他人互動而不是處在情境的情緒中心時，總是比較容易看見問題和觸發因子。轉變你的視角，觀察發生在你的動物身上的事，是有裨益的肌肉鍛鍊。為了達到彼此合作的更高的目的而努力，是值得的，因為在那裡，你一定會找到你所尋求的靈魂成長寶石。

- 當你處在模稜兩可的境地，正在設法釐清關於你的動物的任何主題時，要好好利用你們已經建立的心的連結，指引你的動物。你必會強烈地感覺到某個決定很正確，因為你將透過你們的心的鏈結感受到。要充分利用你與牠們之間美麗而神性的心的連繫，更常依賴心的連繫以及信任你自己和牠們，才能揭露什麼對你們雙方最有裨益。（關於這個「與寵物的靈連結」的技巧，請見第92頁。）
- 當你們的靈魂協議向你自行揭露時，要信任那是神性的時機。報名參加我最初的協力療癒療程（我早期對這個模式的探索）的某些人，最初只聚焦在想知道他們與自己的寵物的靈魂契約是什麼。人類有一種自然的傾向，需要參透某些事，知道事情的答案。找出你與你的寵物的靈魂契約或許很有趣，甚至頗具娛樂性。但這並不是那些契約的魔法或目的。契約中的慈愛財寶，在於活出契約的內容。當你信任這個過程，且找到勇氣首先在自己內在尋找答案時，這些協議便自行揭露，然後刻意地與你的寵物一起投入那些協議。動物和人類的靈魂一起投胎，並不是為了趁他們在一起的時候盤算出事情的解決方案。他們勇敢地在這裡，為的是透過每一次體驗和互動，感受到事情的來龍去脈。

- 自我照護對你和你的寵物的身體、情感、靈性安康非常重要。你的寵物可以感受和吸收你對待自己的方式，所以對待自己要友善而慈悲，這對你們的共同健康至關重要。當你感覺比較好的時候，你的動物也會感覺比較好，這已經不是什麼大祕密了。給予自己愛的正向影響，或批評自己的負向衝擊，帶來截然不同的結果。假使你往往盯著自己和你人生中的錯誤而不是正確的地方，那麼你的寵物更容易顯化身體和行為課題。我不知道你怎麼想，但這一直使我有動機持續擁抱良好的自我照護，因為我不想成為牠們的任何不適的原因。你是人，而人生並不完美，所以當你擁抱新的存在方式時，要溫柔善待自己。

每天花時間透過尋求和表達感恩以及慈悲為懷，有意識地增強你的振動，加上清理內在的蜘蛛網，讓更多的愛可以流經你的心。在內在感受到更多的愛，無疑會以不可估量的方式幫助你的動物。增強你的自我照護實務，將會幫助你在這個轉化蛻變的時期，有能力融入地球上可以取用的療癒能量。

奇妙的神性光束

很可能在你的寵物回歸聖靈之後許久，你才完全理解牠們在你生命中的教導有多麼重要，以及牠們如何幫助形塑你今天的樣子。要信任，如果這對你的成長來說很重要，那麼靈魂協議的教導，就會在正確而完美的時間來到你家門口。

許多時候，你會自動且有條理地整合那些珍貴的禮物，它們的蒞臨是透過與我們有幸認識的這些不可思議的生物，一起分享你的人生。

最終，每一個存有都是作家，精心編排著他們的生命。你與家養和野生動物的關係，無疑是你計畫的重要部分。知道這些了不起的神性光束，是你的副駕駛，不是很奇妙嗎？牠們有能力時常以人們無法做到的方式打動你的心，而且這會對你的人生產生無法估量的影響。

要給予自己一些愛和感恩，感激自己選擇在我們星球上這個重要的時刻來到這裡，感激有機會為他人服務、成長、療癒、感受到更多的愛。請記住，生命是永恆的，而你預先規劃且有著更高目的的靈魂使命，將會基於全體的至高至善神聖地展開。在你勇敢地向前邁進、創造你的靈魂渴望的人生之際，這將會為你帶來你所尋求的和平。於是你的神聖靈魂合作者，你心愛的動物同伴，一定會在途中的每一步支持你、為你歡慶！

結語——找到你內在的房間

剛開始撰寫本書的時候，一天夜裡，我做了個夢，夢見幾名工人正在清洗和重建我家上層的內牆。在拆除牆壁、清除牆壁的污垢、鋪上新的石膏板、建造新牆的過程中，他們在我家的正中央，發現了一間我完全不知道的房間。對於這個難以置信的發現，我又驚又喜！

好奇的我迫不及待地走進小房間一探究竟。它沒有窗戶，沒有光。裝飾陳舊，塵土飛揚，過時而骯髒——彷佛好長一段時間沒人使用過，而且彷佛這個空間曾經被用作起居室。我心想，這個房間沒有窗戶可以讓光線進來，我到底該如何使用它呢？

然後突然間，一個想法躍入我的腦海，於是我非常清晰地知道要如何利用這個新出現的空間。我轉向當時跟我在一起的朋友，非常興奮地宣布，房間會被清洗乾淨，轉型成我的全新靜心冥想室。我補充道，它會是我與我的內在之光連結的房間，而且我的光會非常明亮，亮到必會填滿整個房間，然後填滿整棟屋子。

四十歲出頭時，我深入鑽研內在的療癒旅程，每當感受到某種我從來不知道存在過的新層次的愛時，我會喜極而泣。難以置信的愛的全新欣快感，其實一直在我裡面，但是被我的「東西」遮蔽了。我扭曲的信念和尚未癒合的創傷，已經形成了厚厚一層內在保護的斗篷，不知不覺地阻止我觸及存在我內在神性火花之中的愛。

在我的內在療癒旅程開始之前，對於一個人可以感受到的無條件的愛有多深，我沒有概念。現在，即使生命將不愉快的感覺和經驗帶到我家門前，我也可以深入發掘，且回憶起我觸及愛的能力，那蘊藏在我的本體中心的那只寶箱裡。知道它總是在那裡提供了那份平靜，允許我再次觸及令人振奮且樂而忘憂的愛的感覺，幫助我度過艱難時期。

感受到對自己的本體的愛，是不可否認的證據，證明你就是你一直在自身之外尋找的愛的源頭。

你的靈魂知道如何通向你內在的房間，而且一定會為你提供重新發現它的方法和指引。要刻意地與你的內在靈魂之星連結，那可能是你擁有的最佳工具之一，讓你可以轉向較少掙扎磨難的繁榮人生。請記住，你的外在世界的一切都正在為你而發生，而不是發生在你身上。

採取行動並選擇療癒你的情感創傷的關鍵是，要領悟到，選擇療癒的行為本身就是一種自愛。愛自己愛到足以照料自己的身體、情感、靈性健康，是優雅地導航這趟人類體驗的精髓。

你有必要允許你的寵物，模仿牠們已經輕鬆優雅地掌握的生活技能，藉此幫助你提升你的意識層次。牠們樹立了無懈可擊的榜樣，為的是提醒你，你也可以從自己的內在獲得無條件的愛。因為這麼做，你將會跟牠們一樣，帶著你的進化旅程獨有的技能和挑戰，活在當下此刻，接受你自己的本性。

要愛自己，穿越轉化蛻變的時候。你不必獨自做到這點。你的有連結、有意識、心愛的動物同伴和光之團隊陪伴著你，一起踏上這條有意識的革命道路。願你發現你內在洋溢著光線的房間，明白屬於你自己獨一無二的愛的源頭。要感謝你做過的一切，以及正在做的一切，要對一切眾生展現善意，藉此揭露你的光，為動物服務且尊重動物。

你必定有一個房間或當天的某一小時……一個你可以單純地體驗和帶出你的樣子，以及你可能的樣子的地方……起初，你可能會發現什麼都沒有發生……但是如果你有一個神聖的地方而且好好運用它，好好利用它，一定會有重要的事發生。

——約瑟夫．坎貝爾（Joseph Campbell）

致謝

自從在某個早晨的靜心冥想期間，《寵物與你的靈魂契約》的想法流入我的意識以來，已經一年了。開始撰寫手稿之際，我突然間領悟到，我（在靈魂層次）已經與新來的貓咪同伴菩提和魯米，簽定了創作本書的協議。本書的動力，是要透過在更高層次覺知到彼此的靈魂協議，幫助世界各地的動物愛好人士，比較平和地航行在他們與動物的關係水域裡。

我的感恩始於菩提和魯米，而且必定包含照亮道路，讓我們可以重新彼此連結的人們。感謝「好喵動物基金會」（Good Mews Animal Foundation）的志工南希·萊利（Nancy Riley）和麗莎·貝斯（Lisa Bass），感謝她們在整個收養過程中，提供的一流服務、彈性、協助。感謝好喵動物基金會拯救了這個貓咪家庭。而且非常感謝菩提和魯米的養母安德莉雅·卡蒂爾（Andrea Cartier），她為牠們的身、心、靈提供了堅定的愛和療癒。

救援志工在各個層面出力幫忙，從設置陷阱，到路邊停車，幫助流浪動物，再到清理跑道和籠子，他們做著神聖的工作，幫助所有動物感到安全和被愛。這些勇敢的人們，活出隨著救援工作到來的高潮和低谷，屢屢在內在找到勇氣，幫助更多的動物。我感謝對動物展現出如此慈悲、同理、善意的每一個人。

無盡地感謝我的朋友琪琪·葛拉芙斯（Gigi Graves），她是喬治亞州瑪麗埃塔市（Marietta）好友之家（Our Pals Place，簡稱 OPP）的董事兼創辦人之一，感謝她致力於拯救動物以及為動物轉型；感謝她有能力在每一種情境和經驗中，觸及更高、更有意識的觀點；也感謝她尊重內心的指引。在我們合夥的十六年間，我從琪琪身上和好友之家的救援動物行動中學到許多。他們的教導流經我的工作的方方面面。

夏綠蒂・德馬科（Charlotte DeMarco）是「雜種狗動物救援收養中心」（Mostly Mutts Animal Rescue and Adoption）的行銷兼公共關係志工，多年前為她們機構中的某隻待援犬尋求療癒協助。透過那次互動，為持續的合夥關係生出了許多的尊重和感激。夏綠蒂幫助待援動物的誠信正直和正向承諾，簡直不可思議。我感謝她和雜種狗動物救援收養中心的訓練團隊，允許我與她們的待援犬合作且向牠們學習。

想到家人時，我想到——姊妹雪莉・威斯特貝（Shelley Westbay）以及她的獨子，我的姪子權斯・韋伯（Chans Weber）。撰寫本書的時候，知道她們的堅定支持隨時可以體會到，使我的靈魂得到安慰，而我將我衷心的感激傳送給她們，感謝我們永遠分享的連繫和愛。

瑪雅・安傑洛（Maya Angelou）說過：「要設法成為某人雲端的彩虹。」

透過撰寫本書，我再次了解到，我三生有幸，有許多了不起的朋友，他們化身成為我見過最美麗的彩虹出現，始終如一。在撰寫本書手稿時，我最信任的顧問兼好友海倫·馬克西（Helen Maxey）是理性、真相、才華的聲音。說她在背後支持我實在是輕描淡寫了。她堅定的信念和相信我可以寫一本好書的完全信賴，激勵我成為最好的自己。我親愛的朋友塔拉·葛林（Tara Green）和保羅·陳（Paul Chen），為本書手稿提供珍貴而有愛的支持、洞見、建議，事實證明那是無價的。本性如彩虹般絢爛的辛西婭·艾申羅（Cynthia Eichenlaub），努力花了幾天時間，為本書提供了亟需的提升和轉變。我感謝娜內特·利托史東（Nanette Littlestone）、塔拉·胡托（Tara Hutto）、黛安·格林（Diane Glynn）、卡洛琳·珀維斯（Carolyn Purvis）、波妮·薩拉蒙（Bonnie Salamon）、莎倫·希爾（Shalan Hill）、金柏莉·卡希爾（Kimberly Cahill）的支持、指導、愛、歡呼加油。

為了幫助他人而准許分享自身故事的人們勇敢又出色，我感謝他們每一位，包括兩條腿的人類，以及四條腿的動物。每一個人都選擇了擁抱身為人類的脆弱，以及分享他們的經驗，希望這麼做可以減輕別人的負擔。非常感激參與「協力療癒」案例研究的人們，他們允許自己更深入地研究自己的動物關係，與他們的動物一起療癒。

這是我第二次與「內在傳統／熊與夥伴」（Inner Traditions/Bear & Co.）出版社合作，而他們完成這兩本書的整個過程都很不可思議。我感謝他們致力於盡可能創作最優質的產品，同時尊重內容的完整性。與他們合作很愉快，而且我感覺到我們是熱愛動物的夥伴，雙方都誠摯地希望透過閱讀《寵物與你的靈魂契約》啟迪和蛻變人生。我衷心感謝撰寫美麗前言的佐哈菈．邁爾霍夫．海爾拉尼默斯，感謝她對這部作品的深刻描述。

特別感謝與我一起工作的光之存有們，也特別感謝我愛過且感受過牠們回饋的愛的每一位動物靈魂。願你們打從骨子裡知道，我多麼感激能夠分享我們的進化靈魂旅程。你們出現在我的生命中打開了我的心扉，提供了無與倫比的愛和喜悅，對此，我永遠心存感激。

感謝熱愛動物的讀者們，感謝你們提供安全和善意給在人生道路上迎接你們的動物。你們是啟發和滋養我的靈魂的燃料。願你們始終感受到心中的愛、靈魂中的平靜，以及與動物分享生活所帶來的喜悅。

資料來源

推薦書籍

《來自動物界的訊息：動物圖騰的靈性力量》（*Animal Speak*）和《動物心智：我們如何解讀動物的感知》（*Animal-Wise*），作者：泰德・安德魯斯（Ted Andrews）

《光之手》（*Hands of Light*）、《光之顯現》（*Light Emerging*）、《核心光之療癒》（*Core Light Healing*），作者：芭芭拉・安・布藍能（Barbara Ann Brennan）

《靈魂的旅程》（*Journey of Souls*）和《靈魂的命運》（*Destiny of Souls*），作者：麥可・紐頓（Michael Newton），哲學博士

《前世今生》（*Many Lives, Many Masters*），作者：布萊恩・魏斯（Brian Weiss）

《拯救瓢蟲》（*Rescuing Ladybugs*）、《狗狗的神性》（*The Divinity of Dogs*）、《上帝的故事》（*God Stories*），作者：珍妮佛・斯基夫（Jennifer Skiff）

《你的靈魂計畫》（*Your Soul's Plan*）和《靈魂的出生前計畫》（*Your Soul's Gift*），作者：羅伯特・舒華茲（Robert Schwartz）

推薦期刊與雜誌

《有意識的生活期刊》（*Conscious Life Journal*），企圖成為橋梁——通向本真的生活、有意識地收集智慧與支持，以及提醒我們，在成為最美好的自己的旅程中，我們並不孤單。

《自然覺醒雜誌》（*Natural Awakenings*），是美國喬治亞州亞特蘭大，在自然療法和個人進化方面排名第一的雜誌。

整體療癒計畫

金柏莉·卡希爾（Kimberly Cahill）在喬治亞州亞特蘭大提供「靈性療癒」（Spiritual Healing）、「能量療癒監督」（Energy Healing Supervision）、為期兩

年的「靈魂的旅程沉浸」（Soul's Journey Immersion）計畫。

希爾薇亞・哈特曼（Silvia Hartmann）的「動物能量療癒」（Energy Healing for Animals）認證課程，教導學生如何對任何動物執行能量療癒，包含如何建立業務相關資訊。

「動物療癒觸碰」（Healing Touch for Animals）提供多層次課程，這些課程是為所有期望透過徒手能量治療，改善動物生活的動物愛好人士設計的。

協助動物同伴往生的組織

全美國境內都有協助安樂死和給予動物安寧照護的機構，提供失去寵物和悲慟支持服務。

「摯愛關懷」（Lap of Love），全美獸醫照護——為全美國境內的動物提供居家老年慈悲安樂死。「在摯愛關懷，我們相信，所有寵物及其家人，都配得有可能最慈悲且最善於支援的臨終體驗。」當你的動物同伴往生時，「摯愛關懷」也提供多種選項支持你。

蒼鷺渡航（Heron's Crossing），擁有者是獸醫學博士羅倫·卡薩蒂（Lauren Cassady），它為亞特蘭大都會區提供寵物居家安樂死服務。

協助家庭暴力受害者（及其寵物）

「非暴力之家」（Ahimsa House），慈愛地為喬治亞州亞特蘭大附近的家庭暴力受害者及其寵物，提供服務和協助。

「寵物安全之家」（Safe Place for Pets），使用 Safe Place for Pets 搜索網絡，可以在全美你所在附近找到某處安全之家。**safeplaceforpets .org** 網站提供

該組織在全美當地的聯絡資訊，以及哪些家庭暴力受害者選項，可以協助或以其他方式幫助你的動物同伴。

靈性社區

位於喬治亞州瑪麗埃塔市（Marietta）的「北亞特蘭大合一教會」（Unity North Atlanta Church），承認、示範、分享一切眾生內在的神性。你可以找到所在附近的合一教會！

拯救你的下一位動物同伴

在美國境內和世界各地都有許多傑出的動物救援組織。請好好研究你有興趣的每一個組織，確定該組織以往的紀錄、如何處理捐款、如何對待收留的動物。建議最好是有人推薦的組織。請支持與你的價值觀契合的庇護所。在美國，若要捐款、擔任志工或收養下一位同伴，不妨考慮一下以下強力推薦組織。即使這些組織不在你所在的地區附近，許多也都設備齊全，可以幫助你與你希望的同伴連結。

- 我們之間的天使（Angels Among Us），位於喬治亞州亞特蘭大
- 摯友動物協會（Best Friends Animal Society），位於猶他州（Utah）卡納布市（Kanab），在全美有許多附屬機構
- 毛小孩（Furkids），位於喬治亞州亞特蘭大

- 好喵（Good Mews），位於喬治亞州瑪麗埃塔市
- 幫助各色牧羊犬（Helping Shepherds of Every Color），位於阿拉巴馬州蒙哥馬利（Montgomery）
- 國際人道協會（Humane Society International，請研究一下位於當地的分部）
- 雜種狗動物救援庇護所（Mostly Mutts Animal Shelter），位於喬治亞州肯納索市（Kennesaw）
- 好友之家（Our Pal's Place），位於喬治亞州瑪麗埃塔市
- 拯救馬匹（Save the Horses），位於喬治亞州卡明市（Cumming）

國家圖書館出版品預行編目（CIP）資料

寵物與你的靈魂契約：今生，為了協力療癒的七份承諾／譚美・碧樂普絲（Tammy Billups）著；非語譯．-- 初版．-- 臺北市：橡實文化出版：大雁出版基地發行，2023.03
面；　公分
譯自：Animal soul contracts : sacred agreements for shared evolution
ISBN 978-626-7085-73-8（平裝）

1.CST: 超心理學　2.CST: 寵物飼養　3.CST: 心靈療法

175.9　　112000181

BC1117
寵物與你的靈魂契約：今生，爲了協力療癒的七份承諾
Animal Soul Contracts: Sacred Agreements for Shared Evolution

作　　者　譚美・碧樂普絲（Tammy Billups）
譯　　者　非語
責任編輯　田哲榮
協力編輯　朗慧
封面設計　斐類設計
內頁構成　歐陽碧智
校　　對　蔡昊恩

發 行 人　蘇拾平
總 編 輯　于芝峰
副總編輯　田哲榮
業務發行　王綬晨、邱紹溢
行銷企劃　陳詩婷
出　　版　橡實文化 ACORN Publishing
地址：10544 臺北市松山區復興北路 333 號 11 樓之 4
電話：02-2718-2001　傳真：02-2719-1308
網址：www.acornbooks.com.tw
E-mail 信箱：acorn@andbooks.com.tw
發　　行　大雁出版基地
地址：10544 臺北市松山區復興北路 333 號 11 樓之 4
電話：02-2718-2001　傳真：02-2718-1258
讀者傳眞服務：02-2718-1258
讀者服務信箱：andbooks@andbooks.com.tw
劃撥帳號：19983379　戶名：大雁文化事業股份有限公司

印　　刷　中原造像股份有限公司
初版一刷　2023 年 3 月
定　　價　450 元
I S B N　978-626-7085-73-8